歷史在搞什麼東西？

奪皇位要比厚黑

徐永亮 ◎著

前言

世上有兩部歷史，一部是滿紙假話的歷史，是給皇太子看的；一部是大膽揭露秘密的歷史，它才能還原歷史的本來面目……

——法國・巴爾札克

皇位與厚黑的特殊關係

在數千年的人類歷史長河中，人類從來就未曾擺脫過自然界「勝者爲王、敗者爲寇」的「叢林規則」，而那一個個青史留名的爲「王」勝者，有些是靠自己的雄才偉略，踩著萬人屍骨，攻城掠池，打下了萬里江山；也有些是靠祖宗的福蔭，不動一槍一炮，不費吹灰之力，就繼承了前輩的寶座。

但凡能夠坐在至尊寶座上的人，爲了攬權自肥，常採取非常之手段，甚至習於發揮非常人的思考邏輯；更需時時以「厚黑」二字自勉提醒，亦即對任何人皆需臉夠厚、心夠黑，方能應付居心叵測、接踵而至的篡位者。

好比劉備爲了拉攏人心，博得民望，竟不惜將自己扶不起的兒子硬是摔在地上，更不惜在臨死之際，假惺惺寧願將皇位讓給諸葛亮，以求他好好照顧阿斗，此舉不但讓劉備自己名留千古，更害得諸葛亮只好鞠躬盡瘁，死而後已。堪稱是使用「厚黑」手段的高段生。

再看宋太祖趙匡胤，本是一名武將，出身平凡，亦無顯赫雄厚的家世幫襯，卻很懂得利用輿論民情，先塑造一種高人氣的聲望，再明示暗示屬下，終於在陳橋「皇袍加身」，順利取得帝位。皇位到手之後，爲了鞏固皇權，他更不忘將往日替他抬轎、現今卻可能對他形成威脅的勢力排除，利用酒宴中大夥喝得高興之際來個「杯酒釋兵權」，巧妙地勸退眾臣。如此一來，恩威並施之下，哪個不要命的還敢有二心?這也可算是「厚黑」學的充分運用者。

總之，只要臉皮厚如城牆，心思黑如煤炭，自然能夠昧著良心將異己踩在腳下，將圖謀不軌者狠踢在外，即使親如父子兒女、兄弟手足也不例外。如此「厚黑」，還怕皇位不是你的嗎?!

目錄

目錄

目錄

目錄

任人宰割的帝王

外戚與宦官架空漢桓帝秘事

漢桓帝劉志（一三二年～一六七年），東漢第十位皇帝，他是漢章帝曾孫，在位二十一年。漢桓帝統治後期，一批太學生看到朝政腐敗，便要求政府消滅宦官、改革政治。宦官氣急敗壞，在桓帝延熹十年（一六六年）與正直的京畿都隸李膺發生大規模衝突，桓帝大怒，下令逮捕替李膺請願的太學生兩百餘人，後來在太傅陳蕃、將軍竇武的反對下才釋放太學生，但是禁錮終身，不許再做官，史稱「黨錮之禍」。

漢順帝死後，年僅兩歲太子即位，尊梁皇后為皇太后。梁后臨朝稱制，其兄梁冀以外戚的身分專權。一年後，小皇帝忽患重疾而亡。順帝只有這一個兒子，不得不別求旁支，以入承大統。梁冀與梁太后秘密定議，迎八歲的劉纘繼位，是爲質帝。

外戚梁冀挾權專恣，恃勢橫行。質帝年紀雖然很小，卻很聰明。一天在朝會時，當著滿廷的公卿，注視著梁冀說：「這正是跋扈將軍！」

梁冀聽了此言，大爲忿恨，暗想：質帝如此小年紀，已說出這種話，待他長大了，還不知怎麼才了得！不如殺了他，另立一人爲帝。於是暗中收買內侍，在餅中放毒。

質帝吃了數枚餅，不多時，腹痛難忍，於是對身邊的人說：「吃餅後腹悶，給我一點水……」梁冀在旁接口說：「恐怕飲水後會嘔吐，還是不要飲了！」這時質帝捧住胸腹，直聲大叫，片刻後氣絕而亡，手腳都變成青黑色。

質帝死後，桓帝繼位。梁太后仍然臨朝聽政，增封梁冀食邑一萬三千戶；梁冀弟梁不疑爲潁陽侯，梁蒙爲西平侯，梁冀的兒子梁清爲襄邑侯。梁冀嫉忠害良，權焰遮天。

弘農人宰宣爲討好梁冀，上書說大將軍梁冀功比周公，應加封妻孥，現在已經封了他的兒子，那麼他的妻子也應加封號。桓帝便下詔封梁冀妻孫壽爲襄城君。

孫壽是一個非常淫悍的女人，面貌卻豔冶嬌媚。她的眉彎細長，卻故意經常蹙眉，成曲折形，叫做愁眉；眼睛本來明亮瑩澈，卻經常輕拭眼眶，作淚光盈盈的樣子，叫做啼妝；不似愁而似愁，不必啼而似啼，大概也是不祥之兆。

她的烏髮本來像瀑布一樣又黑又軟，卻故意半脫不梳，形成一個懶髻，使它斜欹半

偏，叫做墮馬髻。她的腰肢本來輕柔妙曼，行動時卻故意擺動，好似弱不禁風，叫做折腰步。她的牙齒本潔白整齊，巧笑時卻微渦梨頰，作出牙痛的樣子，叫做齲齒笑。《後漢書·梁冀傳》記載：「壽色美而善為妖態，作愁眉啼妝、墮馬髻、折腰步、齲齒笑，以為媚惑。」

民間女子對宮中式樣的興趣極濃，甚至不加分辨，一意仿效，如楚王之好細腰。同書《五行志一》說：「始自冀家所為，京師翕然皆仿效之。」孫壽的媚態引得梁冀格外憐愛，稍一忤意，孫壽便裝嬌撒癡，吵得全家不安。梁冀本來好色，但此時被孫壽控制，不能自由縱欲，心裏未免怏怏。

梁冀的父親死去，梁冀藉口為父守孝，與妻孫壽分開居住，其實是同一個叫友通期的美人幽會，不分白天晚上地肆淫。

友通期是一個歌妓，由梁冀的父親梁商買來獻給順帝，順帝留在後宮。後來因友通期有過失，仍然發還梁家。梁商不敢留而將她出嫁，梁冀即遣門客盜還友通期。待梁商死後，梁冀便與友通期成就了一對露水鴛鴦。

孫壽一個人在家裏，不久便聽說此事。一天，等梁冀外出，她率了許多健壯的奴僕，突然闖入靈堂搜索友通期。見面後，孫壽揪住她的雲髻，先打了幾個耳光，然後交給家奴，把她牽著回到梁府。

友通期生得一頭秀髮，被孫壽用剪子截去，然後將她的花容玉貌用刀子劃開，接著迫令她脫去外衣，用鞭子抽了數百下，打得友通期體無完膚，生不如死。梁冀回來後聽說了很吃驚，慌忙趨至岳丈家，向岳母叩頭似搗蒜，請她至孫壽前說情，饒了友通期。

孫壽的母親便去勸說孫壽，孫壽才將友通期放了，梁冀急忙去探視，見她全身創痕累累，禁不住心疼起來。當即邊流淚邊輕輕撫摩她，婉言道歉，並請名醫來調治，很長時間才得痊癒。

友通期仍然與梁冀續歡，親暱如故；不久私生一男嬰，取名叫伯玉，藏著不敢給人看。誰知此事又被孫壽探悉，於是她帶著家奴，手持刀械，闖入友通期的家裏，不論男女老幼，一概殺死。只有梁冀的私生子伯玉，平時藏匿在暗壁中，才得以漏網。

待梁冀看見那慘不忍睹的景象，心中雖銜恨孫壽，但畏妻如虎，不敢返家詰責，只好把私生子格外小心，重價雇了一個奶媽，育養在民間。梁冀自己也不願回家，在外邊居住。孫壽見梁冀因怨恨自己殺了友通期而不回家，便開始在家裏恣意地肆淫。

有個叫秦宮的太倉令，以前曾在梁冀家充過奴僕。長得面目俊俏，口齒伶俐，因爲梁冀對他十分好感，便舉薦他爲縣令。秦宮卻並未赴任，仍在冀家裏隨意出入往來，甚至閨房密室也可以進出無阻。孫壽對他格外垂青，秦宮也對孫壽曲盡殷勤。孫壽有時屏去左右，只與秦宮私談，兩人耳鬢廝磨，日久生情。

孫壽雖半老徐娘，但風韻猶存，趁四目相對的時候，秦宮將孫壽輕輕摟住。孫壽故作嬌嗔，叱責他無禮，那嬌軀卻一點也不動彈，任憑秦宮抱入羅幃，解帶寬衣，一番雲雨歡會。以後孫壽每次見到秦宮，就把左右的人斥退，說是要商量事情，實際是兩人通姦。

從此，刺史二千石以下的入都城見大將軍，必須先賄賂秦宮，然後才可以見到梁冀。秦宮又爲梁冀夫婦互相調停，使他們重歸於好，又勸梁冀夫婦對街築宅，窮極精工，左邊是大將軍府，右邊是襄城君府，寢室裏都有機關暗道，四圍的窗壁全部雕金鏤銀，繪彩成圖。此外，還有崇台高閣，上觸雲霄，飛梁石磴，下跨水道，差不多與秦朝的阿房宮相似。

又在園囿裏採土築山，十里九阪，形狀像崤函，山上羅列各種草木，鬱鬱蒼蒼，裏面馴放了許多珍禽異獸。梁冀與孫壽共乘輦車遊玩於園內，前有歌僮，後有成群結隊的娼伎婢妾緊隨，鳴鐘吹管的聲音響徹雲霄。這樣的狂歡連日繼夜。

據《後漢書》本傳記載，梁冀與其妻孫壽在街對面各造館舍，「殫極土木，互相誇競」，「堂奧有陰陽奧室，連房洞戶，柱壁雕鏤，加以銅漆，窗牖皆有綺疏青瑣，圖以雲龍仙靈。台周周通，更相臨望，飛梁石蹬，陵跨水道。金玉珠璣，異方珍怪，充積藏室。」

不久，在府第玩樂有些乏味，便在京畿廣拓林囿，又在河南城西增設了一個兔苑，綿

亙數千里，移檄各處收集兔子，且在兔毛上做上標記，不論誰不小心傷害了這些兔子，都要判死刑。

梁冀的二弟有一次曾私下在上黨打獵，梁冀聽到消息，恐怕他殺傷了兔子，立刻派家卒去捕殺了三十餘人。

梁冀在城西構造別墅，專門收納奸亡之徒，或搶奪良家子女爲奴婢以供淫樂，名曰「自賣人」。孫壽又向梁冀譖毀其他諸梁，黜免了外戚數人，暗中令孫氏的宗族補缺。孫氏宗親都是貪婪不法的人，各派遣手下調查富戶，誣以罪行，加以大刑拷掠，令他們出金錢自贖，這些富人若稍不滿意，便橫屍當場。

扶風地方的富豪孫奮，性格極爲慳吝，梁冀送了他一匹馬，向他借錢五千萬緡，孫奮只出了三千萬緡借給梁冀，梁冀大怒，移檄太守說孫奮的母親是梁府中的婢女，偷去白金十斛，紫金千斤，應該立即追繳。太守奉命拘孫奮兄弟，逼令他繳出贓物，孫奮因並無此事，不肯承認，活活地被他打死，家產全被籍沒，大約有一億七千餘萬緡。一大半獻與梁冀，梁冀才稍稍洩恨。

他派使者四出找珍奇異物。這些使者多恃勢作威，劫奪民間婦女，毆擊下層吏卒。侍御史朱穆是梁冀故吏寫信勸諫梁冀，梁冀援筆批答：「如君所言，難道我沒有一處可取麼？」

太尉胡廣見梁氏勢盛，便阿諛奉承梁冀功德過人，不久，朝廷加梁冀入朝不趨，履劍上殿，謁讚不名，禮比漢朝的蕭何，賞賜金帛奴婢彩帛車服甲第無數。每次朝會時，與朝中最高官職的三公異席而坐以示尊貴。梁冀得此榮寵，還是貪心不足，時常怏怏不滿。

桓帝的皇后梁氏，專寵於後宮，靠著梁太后和梁冀的庇蔭，恣極奢華，她所有的帷帳服飾，都是光怪陸離，爲前代皇后所無。梁后沒有子嗣，每聽到宮人懷孕，往往設法陷害，鮮有保全。桓帝因心憚梁冀，不敢發作，不過再也不去梁后那裏，梁后鬱鬱成疾，死於延熹二年七月。

梁氏一門，前後七人封侯，三女爲皇后，六女爲貴人，父子俱爲大將軍，夫人食邑稱君的又有七人，兒子娶公主的有三人，其他如卿將尹校，共五十七人，真是一時無兩，備極尊榮。

梁冀專擅威柄，獨斷獨行，無論大小政治，都由他一人裁決，所有宮衛近侍，都是梁家的走狗，莫不希旨承顏。凡百官遷召，必先進梁冀門謝恩，然後才敢受命赴任。

下邳人吳樹任宛地的縣令，向梁冀辭行。梁冀賓戚多在宛縣，於是向吳樹囑託，吳樹說：「小人奸蠹比屋可誅，將軍位居上將，應該首崇賢善，今樹進謁明將軍，得蒙侍坐，承誨多時，未聞稱一名士，乃徒以私人相托，樹不敢聞！」梁冀默然不答，只是面有慍

色。

吳樹告辭而去。到了宛邑，便調查梁氏好幾個貽害民間的賓戚，將他們收捕下獄，按法處治。後來吳樹遷補荊州刺史，又向梁冀謝恩，梁冀設宴款待，卻暗地裏在酒中置毒，吳樹出門不久毒發而亡。

遼東太守侯猛，不去謁見梁冀，梁冀便誣以罪行，腰斬於街市。郎中袁著，年剛十九，見梁冀兇橫的氣焰，心中不勝憤悶，於是上書桓帝揭發梁冀的罪行。梁冀遣吏捕袁著。袁著假裝病死，以蒲草結成人像，用棺材裝著埋了，誰知梁冀察破他的詐謀，派吏四處偵緝，不久袁著被拿獲，立即弄死了事。

太原人郝絜、胡武，一向與袁著交情莫逆，梁冀便屠殺武家六十餘人，郝絜自知不免，喝毒藥自殺。

已故漢安帝的嫡母耿貴人的兒子耿承，封林慮侯，梁冀向他索求耿貴人遺留下的珍寶，耿承不給，梁冀便殺死耿承家族十餘人。

每次朝會的時候，只有梁冀可以發言，桓帝沒有插嘴的資格，只好裝聾作啞，因此桓帝十分痛恨梁冀。

和熹皇后的侄子鄧香，生女名叫鄧猛，長得秀美動人。鄧香中年病死，妻子再嫁了梁紀。梁紀是梁冀妻孫壽的母舅，孫壽見鄧猛色美，將她引入掖庭，封爲貴人。梁冀欲將鄧

猛收爲己女，使她改姓爲梁，又怕鄧猛的姐夫邴尊不同意，便派門客刺死邴尊，又欲將鄧猛的母親一併刺死滅口。

梁紀家與中常侍袁赦毗鄰，梁冀遣刺客夜登袁赦的屋頂，越入梁紀家，袁赦以爲小偷，立即圍捕刺客，待抓住後訊問了實情。袁赦便告訴了梁紀。桓帝知道後怒不可遏，起身如廁，小黃門唐衡相隨，桓帝回頭問唐衡：「宮中何人與梁氏不和？」

唐衡說有中常侍單超、小黃門左悺、中常侍徐璜、黃門令貝瑗……桓帝不待說畢，便搖手說：「別說了！」可見桓帝也害怕梁冀的耳目。

當下桓帝還宮，立即召單超、左悺、徐璜、貝瑗等密議，桓帝親嚙單超的左臂，以血爲盟。這些內侍擁桓帝御殿，派尚書令尹勳持節出去節制各級官吏，由黃門令貝瑗招集虎賁羽林兵一千餘人，會同司隸校尉張彪，圍住了梁冀的府第。沒收梁冀的大將軍印綬，降封梁冀爲都鄉侯。梁冀倉皇失措，喝毒藥自殺。孫壽也一同飲下鴆酒斃命。

梁冀宗族及孫壽內外宗親盡被拘入連坐，無論老幼全部誅戮。朝廷依附梁冀的公卿列校刺史等誅坐死數十人，朝廷一時爲空。

梁冀家產變賣充公，合得三十億緡。所有梁冀私園，都給與貧民耕植。五常侍因功皆同日封侯，號爲「五侯」。這五人中，除單超早死外，其他四人的驕奢淫佚也毫不亞於梁冀。他們是宦官，已無性功能，但也「多取良人美人，以爲姬妾，皆珍飾華侈，擬則宮

人。」

梁冀秉政凡二十餘年，天子拱手，凡事不得有所親與。在皇權受到威脅時，君主對權臣深懷疑懼，就利用宦官以奪其權，制其威，達到上下相維的政治格局。但從此雖然外戚已除，卻漸漸又變爲宦官專權。

在東漢後期，外戚與宦官爭相專權，政治腐敗，淫侈之風遍佈朝野。皇帝本是萬人之上，神聖不可侵犯，但事實遠不是如此，歷史上兩百三十五位帝王中，在位期間被殺害的有四十五人。如果包括下臺以後被殺以及史書隱諱而普遍被史家認爲死於篡弒的皇帝，有六十多人。他們皆死於宦官、外戚或權臣之手，可見皇帝無權尚不如一介草民。

秦失天下，群雄逐鹿，將天下比喻爲一隻「鹿」，誰得到便可任意屠宰，失去了這隻鹿，就只有被人魚肉的份了。若非要給梁冀的故事取一個名字，我想莫過於暫時竊用金庸先生的《鹿鼎記》更爲合適了。

早在東漢年間，中國已經出現類似口香糖的藥物了，不過，這種藥物不能拿來不停咀嚼就是了。這種藥物的主要成分是丁香。據東漢應劭《漢官儀》的記述，在漢桓帝時候，一名叫刁存的侍中因上了年紀患有口臭，「帝賜以雞舌香，令含之。」刁存放在口中覺得辛辣刺舌，以為自己犯了什麼過錯，皇上給他一顆毒藥「賜死」。當時不敢把藥物咽下，回到家裏跟家人抱頭訣別哭作一團，場面相當悲情。他的朋友鄰居們聽到哭聲都感到很困惑，於是上門著問刁存發生什麼事，刁存就把皇上所賜的藥物拿給大家看，沒想到大家一看之後哈哈大笑，並且告訴刁存，皇上賜的是「香口之藥」，是除口臭用的。看到刁存將信將疑的樣子，朋友還當場把藥吞了下去，以此證明這不是毒藥，才得以結束一場驚慌。

功高蓋主的下場

劉邦誅殺韓信秘事

韓信（？～前一九六），秦末淮陽（今江蘇）人。少時家貧，曾受胯下之辱，後仗劍從軍，被劉邦拜為大將軍，戰功卓著。前二〇二年，將項羽圍於垓下，項羽亡。被漢高祖封為楚王，不久遭貶，心懷怨恨。前一九六年，被舍人告發有襲呂后、太子之罪，蕭何定計將其騙至未央宮，斬殺，夷三族。

韓信是秦漢之際的軍事家，在秦亡漢興的過程中，爲劉邦奪取天下，立下汗馬功勞，被稱爲漢初「三傑」之一。但韓信在功成名就之後，卻未能壽終正寢。

論軍事武功，韓信是劉邦手下的第一大功臣。他出身貧寒，秦末農民起義爆發後，他

參加了農民軍，先在項羽手下做事，後來經謀士蕭何推薦，被劉邦拜爲大將軍。韓信的軍事天才在楚漢戰爭中得到了淋漓盡致的發揮。

他的軍事思想非常鮮明，謀略高明，他首先向劉邦提出建立根據地的主張，然後率軍暗渡陳倉，佔領關中，在鞏固了漢中後，率軍東進，橫掃黃河下游廣大地區。

西元前二〇二年，他與劉邦會合，在垓下將項羽圍而殲之，使劉邦君臨天下。漢朝建立後，戰功赫赫的韓信被封爲王。然而，就是這樣一位天下無雙的大功臣，卻在漢高祖十一年一月被呂后、蕭何誅殺。

韓信爲何被殺？這個歷史問題一直是一個懸案，千百年來，關於韓信的死因流傳著兩種說法。

第一種說法是韓信因爲功高震主而被劉邦設計殺害的。由於韓信對自己的軍事才能過分自負，幾次同劉邦發生分歧，甚至鬧到脅迫討封的地步，這不能不使劉邦心中有所防備。

漢高帝五年（西元前二〇二年），劉邦被楚軍圍困於滎陽，命令韓信率軍救援，韓信趁火打劫，提出如果不封王，他就見死不救。劉邦怒火中燒，但是迫於危急的形勢，就暫將恨意壓抑下去，違心地封其爲齊王。劉邦何等聰明，既然韓信對自己還有價值，就要留著他，但劉邦既然存了猜忌和防範之心，只要一有機會，就會給他點顏色看看。

齊人蒯通曾勸韓信自立爲王，並向他指出繼續聽命於劉邦的危險性。韓信不忍背漢，又自以爲功高，劉邦不會狠下毒手，沒有聽從他。劉邦發現，項羽故將鍾離昧與韓信交往密切，項羽敗亡後，鍾離昧投靠了韓信，這更加引起劉邦懷疑。

韓信到楚之後，不到一年時間就有人告發他謀反，這就更堅定了劉邦誅除韓信的決心。劉邦儘管沒有抓到韓信謀反的確鑿證據，還是把他做了降職處理，由原來的楚王改封爲淮陰侯，將他軟禁在京城。儘管對韓信防範嚴密，劉邦還是抓不到韓信的把柄。後來陳豨叛亂，正好可以給韓信羅織一個合謀的罪名，這樣在他還沒鬧明白怎麼回事的情況下，秘密地將其處死。

第二種說法是韓信被殺的原因有謀反之心。持此說者認爲，韓信爲人不忠誠，是一個很不安分的將領。他在從軍之初，曾經幾次「跳槽」，原因是感覺給的好處太少，不願再爲舊主效勞，於是轉身再擇他主。後來碰到劉邦才安定下來。在劉邦這裏，韓信獲得了發揮自己軍事才能的好機會，隨著名望和軍功漸隆，韓信開始起異心了。韓信自恃功高，沒有把其他人放在眼裏，也不注意自己的言行，他公開地與項羽的故將鍾離昧交往，出入有嚴密的衛兵左右，甚至超規格地使用儀仗隊，不會不引起劉邦的忌諱。

擒拿韓信可不是一件小事，爲了迷惑韓信，劉邦採用陳平的調虎離山之計，去楚地雲夢遊覽，臨時通知韓信到楚西陳地開會，突然將其逮捕。但是劉邦感覺現在下手不合適，

因爲韓信謀反證據不足，又是幫助自己得天下的功臣，於是就赦免了他，不過將他降封爲淮陰侯，讓他居住長安，意在便於監視。韓信知道皇帝不會放過自己，決定鋌而走險。

漢高帝七年，韓信與邊將陳豨勾結起來，裏應外合，準備大舉叛亂。陳豨果然造反，劉邦起駕親征，韓信稱病不去，卻準備在京城接應叛軍。不料計畫尚未實施便洩漏，劉邦的皇后呂雉知道韓信不好對付，決定設計擒拿韓信，她讓蕭何對外宣稱陳豨叛亂已被成功平息，傳命群臣進宮慶賀。韓信毫無戒備，按時前往，誰知在長樂宮鐘室遭到埋伏在那裏的軍士襲擊，最終命喪黃泉。韓信謀反未成，自己先送上了命。

有的學者指出，韓信之死，是由漢初統治者的預定國策所決定的。在西元前二〇六年至前二〇二年楚漢戰爭的過程中，劉邦身邊共有七人取得王爵，建立了半獨立的王國。劉邦在特定的歷史條件下封七名功臣爲王，史稱「異姓諸王」。他們據有關東的廣大區域，擁兵自重，爲政一方，是漢朝加強中央集權的最大障礙。

劉邦當初封他們爲王，原是不得已的權宜之計。他在做皇帝以後的第六個月，就藉口諸王謀反，開始一個一個地收拾他們，那些異姓王必然成爲「家天下」的犧牲品。異姓諸王中，長沙王吳芮勢力最小，國土又僻遠，因此倖免於殺戮。其他如韓王信、淮南王黥布、燕王盧綰等均由於劉邦懷疑、逼迫，以致走上反叛道路，最終被消滅。梁王彭越、趙王張敖則如楚王韓信一樣，被加以謀反藉口被殺。像韓信這樣「連百萬之軍，戰必勝、攻

必取」的良將，怎能不讓劉邦心驚肉跳？

不管韓信有沒有謀反的企圖，根據劉邦的性情，他都不會善終的。像韓信這位傑出的統帥，在劉邦看來，只要他存活於世，就對劉氏天下是個巨大的威脅。鳥盡弓藏，兔死狗烹，正是許多開國功臣的遭遇，歷史上這樣的例子舉不勝舉，讓人感嘆唏噓不已。

劉邦打下天下之後，害怕韓信造反，所以打算把他殺了，但是，又怕他帶的士兵太多，所以問了一下韓信目前帶了多少兵？韓信感覺氣氛詭異，因此回答：「兵不知數，三三數之剩二，五五數之剩三，七七數之剩二。」這個回答讓劉邦不知所措，連軍師張良一下子也算不出韓信到底帶了多少士兵，所以韓信逃過了一劫。

據《史記．淮陰侯列傳》記載：有一次，漢高祖劉邦問韓信能統率多少軍隊？韓信說：「臣多多而善耳。」久而久之，民間便流傳著「韓信點兵，多多益善」的歇後語。

江湖這回事

劉邦與張良秘事

張良（？～前一八六），字子房，傳為城父（今河南）人。其出生於官宦之家，其祖父、父均為韓國宰相。秦滅韓後，曾暗殺秦始皇未遂，後歸劉邦，為劉邦取得天下出謀劃策，作用重大。漢朝建立後被封為留侯。張良飽讀詩書，目光高遠，提出的不立六國後代、聯英布、用韓信等策略，都被劉邦一一採納。劉邦曾云：「運籌帷幄，我不如張良。」

張良，是西漢高祖劉邦著名的謀士，與蕭何、韓信、陳平一起被譽爲「漢初四傑」。他早年跟隨劉邦打天下，諳熟兵法，善於謀劃，爲漢家王朝立下了赫赫功勳。劉邦稱帝以

後，稱讚張良能夠「運籌帷幄之中，決勝千里之外」，封他爲留侯。張良能夠輔佐帝王成一代名臣，備受後人稱讚。

而更令後人傾羨的，還是張良後來的命運。劉邦登上帝位後，開始猜忌功臣，韓信、英布和彭越等人先後得罪被殺，一時間朝中公卿人人自危，張良卻始終未遭厄運，得以善始善終。後代人爲之慶幸之餘，尤其關心張良的保身之途。關於張良的歸宿，大概有這麼幾種說法。

一種說法，認爲張良當時見功臣被戮，十分寒心，主動辭官，不顧劉邦挽留，到白雲山學道去了。這種說法多被戲曲、小說引用。比如京劇《張良辭朝》就是據此而來。正史中也有這種記載。《史記・留侯世家》中說，劉邦不喜歡太子劉盈，想另立戚夫人之子如意爲太子。大臣們苦苦勸諫，仍然不能改變劉邦的主意。張良屢諫不從，便藉口有病向劉邦辭職，他在給劉邦的上表中自述身世：「家世相韓，及韓滅，不愛萬金之資，爲韓報仇強秦，天下震動。」後來追隨劉邦，得以滅強秦，封萬戶，位列侯，現在平生願已了，「願棄人間事，欲從赤松子遊耳」。於是就飄然而去，不知所終了。後世的小說家們往往附會赤松子，說他是神農時的雨師，能呼風喚雨，常爲西王母的座上賓，因此張良此去，一定是潛心學道了。

另一種說法認爲張良並未離開朝廷，而是居官善終。劉邦要廢太子劉盈，急壞了太子

的生母呂后。呂后問計於張良，張良建議請出劉邦素來仰慕的嵩山四老，勸諫劉邦，或許能幫太子鞏固地位。於是呂氏家族就派人拿著太子的親筆信，卑辭厚禮，請來四老下山。

劉邦見到這四位鬚髮皆白，相貌魁偉的老人，十分驚訝。問他們：「前次我求你們相助，你們一直避而不見，今天爲什麼與我兒子交往呢？」

四人回答說：「陛下輕慢別人，臣等恐怕受辱，因而亡匿，太子仁孝，敬賢愛上，天下人都願爲太子效勞，我們如今獻出生命也在所不惜，所以就下山了。」劉邦覺得太子已經深孚人心，恐怕難以動搖，這才放棄了更立太子的主張。

這件事在《漢書・張陳王周傳》和《史記・留侯世家》中都有記載。因爲這件事，呂后十分感激張良。劉邦死後，呂后爲了報答張良，勸張良結束學道生活，出來做官。並且對他說：「人生一世，如白駒過隙一樣短暫，先生何必如此自苦呢。」

張良當時年高體弱，不久以後就病死了。朝廷給他的諡號是「文成侯」，此中就含有以文才安民立政，善始善終之意。

這兩種說法，一從文學，一從歷史。應該說，後者的記載是比較可信的，張良應該是居官而終。但是歷代以來，人們更願意給張良一個入山修道、得道成仙的神秘歸宿，這裏面既表達了人們對於君主濫殺功臣的不滿，也寄託了歷代文人們對於張良功成身退、名垂青史的欽佩。

死後的重生

古埃及國王的隨葬秘事

你能想到國王的陵墓中能陪葬些什麼東西？金銀首飾？珠寶玉器？……這些東西肯定少不了。你能想到國王的陵墓裏放著醫藥箱嗎？

在著名的考古學家卡特挖掘的那個圖坦卡門墓中，幾百公升的珍貴油品赫然在目！大多存放在一些石頭瓶裏，其中的兩個油瓶上竟然還留有古代盜墓者的指紋。

隨著對古埃及國王陵墓的大量考古發掘，人們發現了一個個被歷史埋藏的世界，在那些陵墓中，五花八門的隨葬品比比皆是，珠寶、首飾、浮雕、壁畫、傢俱、生活用品，甚

至船隻，國王們簡直就是把他們在世時曾享用過的一切都搬到了地底下，這很令人奇怪，他們渴望著重生嗎？他們期盼某一天神靈來接引他們抵達天國嗎？

我們先關注一下古埃及人對生死大事的看法：古埃及人認爲死亡是生命的另一種形式，人死不過是外觀的死亡，人體內各種成分在另一個世界裏仍具有生命，不過埃及人認爲，人的重生並不是重新回到人間，他們的重生是在另一個世界裏，那麼，死後要埋藏的那個墳墓顯然是另一個古埃及人可以照顧到的重生世界，爲此，他們爲生活於地下王國的人們準備了大量吃喝，準備了一所堅固的可以保持永久的住所。

對國王來說，由於埃及人崇拜太陽神、水神和其他諸神，相信法老是神的化身，生前死後都享有神的特權，因此對王室陵墓的隨葬品的講究就更爲繁多。首先要有吃、穿、用的物品隨葬，如穀物、麵包、酒、油、蔬菜和衣服等。其次，在墓壁上畫上或刻上各種圖畫，讓死者如同生活在現實社會。我們今天從壁畫浮雕上既可以看到國王們吃飯飲酒、灌溉田地、耕種收穫、狩獵捕魚的日常生活場景，也可以看到他們舞蹈、雕刻、建造的娛樂活動。另外，還有許多奇怪的、在今天連考古學家們也煞費腦筋的各種通往重生世界的巧妙「方法」。

在國王們的隨葬遺物中，各類珍寶首飾的使用相當廣泛。當時社會上的各個階層，上至法老，下到平民，生者死者，人人都佩戴首飾，甚至連神獸也不例外。但國王和平民之間的珠寶首飾的質地和種類差別是很大的。平常百姓所戴的首飾一般用釉料製成，通常以石英砂爲胎，再飾以玻璃狀的鹼性釉料，也可在石子上塗釉彩而成，他們沒有金子可以佩帶。國王和貴族的首飾就不一樣了，他們的珠寶飾品多用貴重金屬和半寶石製成，二者都是當時人們喜愛的材料。貴重金屬主要是黃金，因爲埃及國內盛產黃金，而白銀則十分稀有，半寶石是指介於寶石和石頭之間的各種色彩斑斕的礦石，如綠長石、綠松石、孔雀石、石榴石、玉髓、青金石等。

古埃及製作首飾的材料多具有仿天然色彩，取其蘊含的象徵意義。金是太陽的顏色，而太陽是生命的源泉；銀代表月亮，也是製造神像骨骼的材料；天青石仿似保護世人的深藍色夜空，這種材料均從阿富汗運來；來自西奈半島的綠松石和孔雀石象徵尼羅河帶來的生命之水，也可用利比亞沙漠的長石甚至綠色釉料代替；尼羅河東邊沙漠出產的墨綠色碧玉像新鮮蔬菜的顏色，代表再生；紅玉髓及紅色碧玉的顏色像血，象徵著生命。

古埃及首飾的種類主要有項飾、耳環、頭冠、手鐲、手鏈、指環、腰帶、護身符及項飾平衡墜子等，製作精美，裝飾複雜，並帶有特定含義。

代表古埃及首飾最高成就的當然是國王的首飾，國王陵墓中曾隨葬著大量精美無比的珍寶首飾，因爲這些隨葬品都「肩負」著特殊的象徵意味，所以隨葬用的珠寶首飾對珠寶加工者的技術要求極高。國王的遺體一般用大量的純金首飾覆蓋，臉部要戴上面具，如著

名的圖坦卡門黃金面具；胸部要安放金屬銘牌；手指和腳尖要用金子包住，金製手指套裏面還要嵌入一些其他寶石。正像前面提到的，金色在「五色」中最爲尊貴，金子是被看作具有神性的金屬，擁有它則意味著向太陽神——「雷」靠近了一步。

今天可見的最典型的古埃及國王的珍寶隨葬品，就是圖坦卡門的雙層金棺了。金棺的基本形狀爲人形，兩層棺蓋的形狀都與圖坦卡門本人的塑像極爲相像。圖坦卡門用純金爲自己鍛造了內棺，外棺以橡木爲主，也加了一層鍍金。內、外棺上都還鑲嵌有彩色寶石和玻璃，整副棺具金碧輝煌、光彩奪目。

與金棺一起的還有頭冠、頸飾、胸飾、項鏈、耳環、戒指、踝飾和傢俱等大量工藝製品，很多也是用金與寶石製作。法老寶座爲木製，但嵌以金箔，四條腿作成神牛蹄形狀，扶手是兩個頭戴雙重王冠的鷹翼蛇身神像，扶手前有兩個獅子頭，靠背亦用金片打製而成，無處不「金」，無處不是暗示著可通往重生世界的神秘符碼。

死者的替身也是主要隨葬品之一，這些替身以各種雕像的形式被製作出來。死者的雕像是用來保證萬一屍體腐爛以後能代替死者復活，這些雕像放置於陵墓不同的墓室中。墓室中不僅有國王本人的雕像，還有大量僕人、奴隸的小雕像，其內容豐富多樣，構成了一個熱鬧的地下現實世界。而浮雕繪畫的內容也極爲廣泛，有慶功典禮、宗教儀式、葬禮、宴會、建造陵墓、炮製木乃伊、雕琢石像、屠宰牲畜，還有駕舟、捕鵝、牧羊、播種、收割、造船、製陶、紡織、釀酒、雜耍、舞蹈等。

還有以船隻作爲陪葬品的。這方面的一個最典型的實例，就是深埋在金字塔下的石坑中的太陽舟，這隻松木質地的船隻被認爲是二十世紀中葉埃及考古界最偉大的發現，它是迄今世界上發掘到的最古老的完整大木船，木船長四十三點四米，寬五點九米，高六米。它現在已經被重新組合起來，放進了現場的一個特殊的博物館裏。這條木船是四千五百多年以前造的，現在依然完好。

對這隻松木船的解釋稍有不同，有人認爲它「象徵一種運輸工具，它能把已故國王的靈魂送到天堂的最後目的地」，還有人認爲它具有「海船的全部典型特徵，有上翹的船頭和船尾，比北歐海盜船還要高，其作用是劈開海浪和波濤，而不是去對付尼羅河的小小漣漪」，如果古埃及人只是想象徵性的把國王的靈魂帶入天堂，他們便不會如此煞費苦心，去製造一艘如此複雜的海船，再把它埋起來。做一個小得多的模型船，也能達到同樣的目的。

遠古時代人類對洪水之類的大型自然災害給他們帶來的恐怖，可能留下了深刻的記憶，製造這樣一艘可以乘風破浪的大船，也許是爲了拯救那些可能在下一場大洪水來臨時手足無措的人們吧。

歷經艱險的一生

哈桑二世多次遇險秘事

哈桑二世（HassanII，一九二九～一九九九），摩洛哥國王。一九五七年被正式立為王儲，一九六一年正式繼承王位，號稱哈桑二世。一九九九年七月廿三日，哈桑二世因心臟病突發而去世，他的逝世被稱做是「中東無法彌補的損失」。

一陣密集的槍聲突然打破了夜晚的祥和與寂靜。

一九七一年七月九日的摩洛哥首都拉巴特郊外的斯基拉特宮。悠揚的音樂，細碎的人聲。國王哈桑二世的四十二歲生日宴會正在這裏快樂舉行著。但是，突發的槍聲使所有人一下就停下了他們正在進行的動作，國王哈桑二世眉頭一皺。

槍聲很快逼近，有人喊：「王宮被包圍了！」參加宴會的人們大驚失色，開始騷動起來。不久，隨著子彈射擊在宮殿玻璃上的破碎聲，人們立即亂作一團，尖叫聲不斷，許多人尋找地方試圖躲避。國王哈桑二世沒有被這突然的狀況搞得亂了手腳，他鎮定自若，讓人們不要驚慌失措，並趕快佈置手下調查事態的情況。

調查得到的情況並不妙，好像是軍官學校士兵圍攻王宮。但進一步的調查顯示，情況並不簡單，軍官學校士兵可能被人利用了。士兵們向王宮內參加國王生日宴會的人們給以兇猛的火力攻擊，王宮內死傷人數在直線上升。國王哈桑二世在得力隨從的保護之下，暫時躲避到安全地帶，隨後乘亂化裝闖出危險地區。

哈桑二世國王一脫離險情，立即調兵遣將，組織力量快速還擊。在很短的時間之內，國王將局面有效的控制住，並著手對事件深入調查。情況查明了，原來是王室軍事處主任麥德布將軍與軍官學校校長阿巴布上校密謀，宣布夏宮發生政變，誘使不明真相的軍校生衝進斯基拉特宮四處掃射。

真是一次處於生死邊緣的歷險記。哈桑國王憑藉他的智慧、鎮定和果斷，躲過了這次兇險的刺殺行動。

不過，在哈桑國王眼裏，這次只是一個小小的危險罷了，哈桑在他多年的政治生涯中，多次歷險，每一次都危險之極，聽者無不覺得心驚肉跳。

最危險的一次要算一九七二年的夏季那次了。

這一年的夏季，哈桑二世國王從法國順利出訪回來，當他乘坐專機進入自己國土領空時，有四架摩洛哥戰鬥機不知從何處突然出現在國王專機的周圍，來勢洶洶，命令國王專機開往某處空軍基地，情況不妙。當時乘坐專機的除了國王本人之外，還有他的幾個孩子，以及少數幾個隨從，勢單力孤，想求救也爲時過晚，國王碰到了他即位以來的最大一次危險。

哈桑二世國王沉著冷靜，毫不慌張，由於有過當空軍駕駛員的經歷，所以他果斷指揮駕駛員與對方周旋，試圖拖延時間，迫使對方飛機耗盡燃料，無法發動攻擊。但不久，對方似乎看出了國王的意圖，直接向國王專機發動攻擊，炮火從專機旁邊呼嘯而過，情勢十分驚險。哈桑二世國王竭力與對方周旋，一直堅持到最後，終於，對方由於燃料耗盡不得不停止攻擊，倉皇飛走。

國王專機受到了不小的創傷，但最終安全著陸，讓關心哈桑二世國王的人們鬆了一口氣。事後調查，那是一些對國王不滿的持不同政見者的蓄意謀反。

但是，關於國王的這次死裏逃生，並不那麼簡單，故事還有另一個不同的版本。

據說哈桑二世國王出訪法國之前，由於擔心國內政局不穩，曾和國防大臣烏弗基爾將軍商量出訪期間的國內局勢問題，烏弗基爾將軍提議國王可以自己來一次「假謀殺」：通過國王的和「敵人」的種種「智鬥」，「平安」脫「險」，顯示國王面對各種打擊時的鎮定自若、果敢英勇，給那些真有謀反之意的人一個有力的警告。哈桑二世國王認為是個不錯的主意，就讓烏弗基爾將軍著手佈置。

幾天之後，當哈桑二世國王從法國返航時，意料之中的四架戰鬥機出現了，國王被「包圍」，並被「命令」飛往某處空軍基地。國王專機的駕駛員並不知實情，感到極為恐懼，哈桑國王則胸有成竹，在駕駛員一旁隨手指揮。

但是不久，那四架戰鬥機向國王專機發射了炮彈，炮彈貼著國王專機呼嘯而過，差點命中，專機駕駛員嚇得要死，國王也倒吸一口冷氣。看來，對方要玩真格的了！哈桑二世國王連忙透過空中呼叫向對方詢問，那些戰鬥機毫不理會！

大事不妙！國王不得不打起十分的精神，沉著應付，於是，上面那場驚險的空中搏鬥才上演了。

在與國王的搏鬥中，那些戰鬥機沒落著什麼好處，國王也受盡了驚嚇。不過，當國王專機返回機場時，還沒完事，另一撥對國王的刺殺行動又開始了。敵機向機場的指揮塔和候機大樓不停攻擊，王宮也遭到了炮火的猛烈攻擊。

結果……

當然國王大難不死，那個定下「假謀殺」計謀的烏弗基爾將軍自然沒有什麼好下場。

哈桑二世國王最後於一九九九年去世，不過可不是什麼謀殺致命，國王的一生歷經艱險，全都化險爲夷，怎麼能讓那些想著害他的人那麼輕易得逞呢！

摩洛哥的名勝古蹟：哈桑二世清真寺

哈桑二世清真寺位於卡薩市區西北部，座落在伊斯蘭世界最西端。一九八七年興建，一九九三年落成。這座清真寺耗資五億多美元，占地面積九公頃，其中三分之一面積建在海上，以紀念摩洛哥的阿拉伯人祖先自海上而來。整個清真寺可同時容納十萬人祈禱，是世界第三大清真寺。寺中的廿五扇自動門全部由鈦合金鑄成，可抗海水腐蝕，據說是世界上現代化程度最高的清真寺，是摩洛哥建築工藝的代表作。

對皇權的眷戀

秦始皇尋仙秘事

秦始皇（前二五九～前二一〇年），姓嬴，名政，為秦莊襄王之子。十三歲即王位，三十九歲統一中國，建立秦朝，自稱「始皇帝」，是中國的第一個皇帝。自西元前二三〇年至西元前二二一年，採取遠交近攻的策略，先後滅韓、魏、楚、燕、趙、齊六國，終於建立了中國歷史上第一個統一專制的中央集權制國家。

戰國末期七雄並立，秦王嬴政滅六國而統一天下。嬴政長得蜂鼻長目，鶻胸豺聲。滅了六國，自稱爲始皇帝，後世子孫企圖二世三世以至於萬世，傳之無窮。

秦始皇已定帝號，特旨恩使天下人相聚宴飲數日，名曰「大酺」。因爲秦時的法律，

不許三人以上一同聚飲。百姓平日艱苦勞作，應付徭役。偶然閒暇，連親朋聚首，杯酒談心的樂趣都不能享受。可見當時秦法的嚴酷。

始皇又怕百姓謀反，於是發詔書，令各郡縣將民間私藏的兵器盡數收送咸陽銷毀，鎔化後鑄成十二個銅人安置在宮門，每個重二十四萬斤；令各郡世家富室十二萬戶一律遷居咸陽；險要地方所有城堡關塞，概行平毀。

以前秦國宗廟及苑榭，都在渭水南。滅六國後，令畫工仿繪各國宮室，在咸陽北阪依式營造。殿宇、樓閣、台榭，沿路逶迤，下通複道，上架周閣，風雨不入，日光無阻。將六國的妃嬪子女分置宮中。所有六國的美女，任他顛鸞倒鳳，日夕交歡。

但秦始皇只有一個，寵幸有限，咸陽宮裏怨女成群。秦始皇又在渭水南造信宮，後改名「極廟」，自極廟到驪山，另造甘泉前殿，殿通咸陽宮，中築甬道，如街巷相似，乘輿所過，外人不能望見。

天下無事，始皇便到處巡行。他覺得官道狹隘，往來不便，令天下遍築馳道。自咸陽起，東至齊魯，北達燕山，南通吳楚，專備自己巡遊之用，百姓不得行走。馳道寬五十步，加土石填高，用鐵椎夯築堅實。道旁每隔三丈，栽種一株青松。

泰山是五嶽之東嶽，古帝王如伏羲、神農、黃帝、堯、舜、禹、湯、周成王，都在此舉辦過封禪大典。秦始皇斬木削草，開除車道，行至半路，忽然刮起大風，飛沙走石。霎時天色昏黑，一聲迅雷，大雨如注。山上潦水沖流而下，眾人急切中無處躲避，見路旁有五棵大松樹，黛色參天，蔭蔽十餘畝地，秦始皇便命從人在樹下暫行休息。

大眾到了樹下，樹竟可以遮蔽千人，濃蔭如幕，雨一點都漏不進。秦始皇大喜，下詔封此五棵樹爲「五大夫」。後世「松」姓即來源於此。待風平雨止，秦始皇命詞臣撰辭，自誇功德，勒石山中。

戰國時代，有燕國人宋無忌、羨門、子高等人，自稱有神仙法術，能屍解飛升。燕、齊間好奇人士爭往學習。時人因其專求出世之學，遊方之外，故稱爲「方士」。當時齊威王、宣王，燕昭王皆好神仙，招致無數方士入海求仙尋藥，可惜皆不得至。此次秦始皇東遊，有方士齊人徐福上書言神仙事。

書中大致說：東海中有蓬萊、方丈、瀛州三座神山。瀛洲地方四千里，正對著會稽郡，與中原相距七十萬里。山上生長神芝仙草，還有高至千丈的玉石。洲中流出的泉水像酒一樣甘甜，名叫「玉醴泉」，飲此水易醉，可令人長生；方丈山在東海的中心，四邊正方，每邊各長五千里，中間有金玉琉璃宮殿，是三天司命真人的居所。凡仙人得道，不欲升天的，多住在這裏，神仙不下數十萬。仙人都種植芝草，分劃隴畝，如世間耕種稻麥。島中泉水，泉上有九源丈人宮，主管天下的水神及龍蛇，因此島中的龍很多。

蓬萊在東海的東北，周圍五千里，外面有圓海環繞，海水純黑，稱爲「冥海」。海中無風的時候，也有洶湧的波浪，浪高百丈。蓬萊山是太上真人的居所。這三座神山遠望如一片靜止的白雲，身臨其境，才知道地勢反而在海水之下。世間有慕仙道者，往往不顧生死，冒險前去。望見神山相距不遠，眼看快到時，往往刮起逆風，將船吹回，所以世人很少有到仙山的。也曾有人曾如願以償，遇到仙人，又採到不死之藥。

秦始皇見徐福的上書，恍似神仙即在目前，不可錯過，急命隨從日夜兼程。待到了海上，他召見上書的方士，各依所說方法乘船入海，往求神山。那些方士的船隻在海中往來如織。秦始皇滿望指日就可得仙，自己在海上昂首翹盼。等了許多時，方士們陸續回奏說：「看見了神山，無奈被風所阻，不得前進。」秦始皇見事不成，滿腔欲望化作冰消。但尚未甘休，仍命方士隨時訪求，自己啓程西歸。

到了彭城，他記起以前秦昭王兵滅西周，將九鼎用船載回。行至泗水，忽然有一鼎躍入泗水，無從尋取。九鼎是大禹取九州所貢之金鑄成，歷代視爲傳國重寶，所以得天下者稱爲定鼎。如今缺少一個，不免遺憾。況此鼎能自躍入水，定是神物。秦始皇遂齋戒三天，向水神禱告一番，下令召集知水性者一千名，泅水尋覓。但如大海撈針一般，不見蹤影。秦始皇悶悶不樂，繼續南行散悶。

不覺到了長江北岸。地方官吏預備了大船，始皇登舟溯江西上，正打算渡江去湘山，忽然暴風驟起，從水波中刮起狂飆，江中的波浪洶湧如山，龍舟在水中上下顛簸，如同一片樹葉。秦始皇生長在北方，從未經過險惡風浪，嚇得魂魄飛揚。幸虧水手舵工純熟，好容易將船攏近岸頭。

秦始皇平日憑藉威權，縱情肆欲，所求必得，所謀必成，此番求仙不遇，尋鼎不獲，連遭拂意，加上渡江遇險，心裏十分懊惱。待船已泊定，秦始皇便上岸遊行。

山上有一座紅牆碧瓦的古廟，他問左右：「廟中所祀何神？」

左右說：「此名湘山廟，廟中神號爲湘君。」

秦始皇想：「天子出行，百神開道。朕今日渡江，幾遭不測，什麼湘君，敢來驚朕？」於是召博士詢問。

博士說：「古史相傳，湘君是堯的女兒，舜的妻子，死於江湘之間，因此葬於此地。」秦始皇勃然大怒，命遣刑徒三千人，將湘山樹木全部砍伐。又放起一把火，將山燒成赤色。

秦始皇沒什麼情緒，回到咸陽。好容易又過了一年，又照常出遊。

一路錦旗蔽日，甲乘如雲，不料行至博浪沙，被張良所募的力士用大鐵錘擊碎副車。受驚回去，一連三年都未遠出。但秦始皇求仙的心愈加強烈。

一天他微服出宮，聽到路人口唱謠歌：「神仙得者茅初成，駕龍上升入太清。時下玄

洲戲赤城，繼世而往在我盈，帝若學之臘嘉平。」秦始皇以此謠歌問里中父老。父老說：「近日有仙人茅蒙，九月庚子日，在華山中乘雲駕龍，白日升天。當茅仙未升天前，邑中先有此謠。如今其事應驗，所以路人常唱此歌。」

秦始皇欣然問：「人生得道，可以成仙麼？」父老說人有道心，便可長生，既得長生，便可成仙。

秦始皇又動了求仙之念。下詔將臘月改名爲「嘉平月」，以應仙謠。至今世俗尚稱陰曆臘月爲「嘉平」。

秦始皇因連年求仙，都未成事，便在咸陽鑿開一個大池，引渭水灌入。此池共長二百里，闊二十里，稱「蘭池」，在池上築起宮殿，模仿傳說的蓬萊瀛洲。池中有一塊大石，秦始皇命工匠刻成鯨魚，長二百丈。秦始皇常來此間，以慰求仙之志。

咸陽有幾個暴徒，亡命在蘭池中，晝伏夜出，看見始皇衣裝華麗，便去搶劫。多虧身邊武士拚命護衛，勉強殺退群盜。秦始皇經此一嚇，從此不再微行。

又過一年，秦始皇求仙心切，起駕東遊碣石。遣燕人盧生入海尋求古仙人羨門。自己耐心守候，望眼欲穿地等盧生回來。

燕人盧生本是儒士，因爲利慾薰心，借著求仙學道的名目，取得秦始皇寵信，因此讓他入海求仙。

盧生奉命前往，路上左思右想，正在爲難之際，忽然想得一法，他乘船向大海中空走好幾日。卻暗地寫成一書，回奏秦始皇：「仙人雖未遇見，已將仙書私下抄來。」

秦始皇披閱書中言語，大抵支離恍惚、虛無縹渺之語。其中有一句話：「亡秦者，胡也！」秦始皇讀到此處，不由得吃了一驚。以爲胡是匈奴的別號，將來與秦爲敵的，定是匈奴。不如趁此時強盛將匈奴逐出塞外，以免後患。想到此，便命蒙恬調兵三十萬人遠伐匈奴。

盧生自從假作仙書，瞞過秦始皇之後，仍得到秦始皇寵任，屢受賞賜。他對秦始皇說：「臣奉命往求靈芝奇藥及仙人，往往不能遇得。就中似有惡鬼作祟！大凡人君欲求仙術，必須隨時微行，以辟惡鬼，惡鬼遠離，真人便至。上乘雲氣往來，壽與天地同久。今主上平日遊幸所在，往往使臣下得知。身在塵凡，不能招致真人，此於求仙大有妨礙，願主上此後所到之處，勿使人知，然後不死之藥方可求得。」

秦始皇聽了盧生之言，甚以爲然，「朕今才如夢初覺了，朕仰慕真人，從今以後，便自稱爲真人，不再稱朕。」並依照盧生之言，下令凡咸陽近旁二百里之內，所有宮、觀二百七十所，一律建成復道或甬道，彼此連接，以便遊行時旁人無從窺見。各處都設帷帳，置鐘鼓、充美人，並將日用器具、陳設物品，一律配置齊全，臨時不必遷移，以免動人耳目。又警告隨從人員不得漏洩，違者立處死刑。

從此，秦始皇逐日在宮內行樂。吳姬趙女皆是沉魚落雁、傾國傾城的姿色，專待始皇來片刻魚水歡。大多數一生一世也盼不到始皇臨幸，只落得深宮寂淒。

唐杜牧《阿房宮賦》云：「妃嬪媵嬙，王子皇孫，辭樓下殿，輦來于秦。朝歌夜弦，爲秦宮人。明星熒熒，開妝鏡也；綠雲擾擾，梳曉鬟也；渭流漲膩，棄脂水也；煙斜霧橫，焚椒蘭也；雷霆乍驚，宮車過也；轆轆遠聽，杳不知其所之也。一肌一容，盡態極妍，縵立遠視，而望幸焉，有不得見者，三十六年。」

一天，秦始皇到了梁山宮。偶然登山遊玩，忽然見一隊車馬由山下經過，千餘人前呼後擁，十分顯赫。秦始皇驚疑問：「這是什麼人？」左右說：「是丞相。」秦始皇對左右說：「原來丞相如此威風！」言下露出怒意。

丞相李斯不知秦始皇就在山上，秦始皇身邊有一個近侍，平日與李斯親密，暗地遣人飛報李斯。李斯吃驚不小。

過了幾天，秦始皇又在一處遇見丞相，覺得隨從人馬比以前減少許多，越覺動疑：「此必近侍漏洩我的話！」他立喚近侍至前，逐一詰問。眾近侍皆不承認。秦始皇大怒，叱令武士將前日隨從在旁的近侍，一概縛出斬首。餘人嚇得股栗，從此不敢多口。以後秦始皇遊行所在，外間無一人得知。

盧生騙過始皇，見秦始皇御下嚴刻。心想：「我若留戀不去，必遭誅戮。」私下與韓客侯生密議：「主上天性剛戾，親近獄吏，喜用嚴刑。志驕意滿，自謂從古以來，無人可及，天下已畏罪避禍，裹足不前。吾輩不能爲之求仙尋藥，不如棄之而去。」二人議定，遂乘隙結伴逃走。

事後有人將消息及臨行言語報與秦始皇。秦始皇拍案大怒，「我平日收召許多文學方術之士，希望可以致太平，求長生，誰知終一去不回，徐福等費至巨萬，並未得有奇藥，且聽說有受賄舞弊情事。至如盧生諸人，我對之優給賞賜。如此厚待，竟敢妄肆誹謗！必須拿獲，處以重刑，方洩我忿！」於是，通令各地嚴密查捕。各地官吏奉命，四出訪拿，竟未尋獲。

秦始皇痛盧生諸人，無處洩忿，遂遷怒到天下儒生身上。便下詔，命御史將在京儒生一律傳到，逐人究問，有無妖言構造，煽惑黔首？儒生中有平日好發議論者，便坐以誹謗之罪。施以重刑，輾轉牽引，構成一場大獄。連累的人不計其數。秦始皇自行按名定罪，共有四百六十餘人，皆推出咸陽盡驅入深谷中活埋。

秦始皇怒猶未息，欲將四方名士悉數屠滅，斬草除根。秦始皇托詞招致賢才，命各郡縣徵集儒生，限令地方官訪求名儒，限期送京，聽候錄用。此詔一下，遂有許多貪圖富貴之人如蟻慕膻，如蛾投火，紛紛來京。待得到齊，檢點人數已有七百人。秦始皇一概召

見，假意溫言慰諭，都拜爲郎官。諸生受職謝恩，皆彈冠相慶。

秦始皇密喚親信，去驪山溫泉近旁栽下瓜種。瓜得了溫泉暖氣，寒冬時候居然發芽引蔓，結子成實。於是驪山守吏上書報告此事。秦始皇假作驚異，召集諸生問：「近日如此嚴寒，竟有人報稱驪山地方瓜忽結實，不知是何原因？卿等稽古有年，可知一二？」諸生見問，各陳意見。有說是祥瑞，有說是災異，議論不一。

秦始皇對諸生說：「你們沒有目睹真瓜，各自懸想揣測，所以意見不同。可即親往其地，驗明真僞，再行議決覆奏。」

諸生奉詔，連袂出都。到了驪山谷中，果然谷中有瓜數枚，人人指天劃地，大發議論，各執一說，互相辯駁。秦始皇已預先遣人埋伏在四圍。諸生正在興高采烈，引經據典，爭議未決。忽然土石如雨雹一般，從四面山上飛墜下來，急忙忍痛四竄。但窮谷之中，出路已被木石塞住，無處逃避。一時呼號之聲震天動地，慘不忍聞。片刻後，都已被木石打倒，七百人全被添土掩埋。

至今驪山馬谷西岸，還有高坑，相傳即秦坑儒之處。後人號其地爲「湣賢鄉」。唐明皇改爲「旌賢鄉」，建立「旌儒廟」。

有官吏報稱：「大宛地方多有枉死之人，屍身橫在道上。近來常有飛鳥，形狀如烏鴉，口銜一草，飛近死人身旁，將草放置在臉上，其人立時復活。臣拾得此草一本呈上。」秦始皇覺得奇異，遂將此草遍示群臣，群臣皆不識。

有人說：「北郭有一位鬼谷先生，隱居學道，博物多聞。請陛下遣使問他，或許能認識。」

秦始皇遣近侍，帶著此草去問鬼谷先生。鬼谷先生見了草說：「這是東海祖洲所產。祖洲在東海之中，地方五百里，距中國七萬里。此草生在瓊田中，名叫『養神芝』，其葉狀似菰苗，叢生，長三四尺。凡人死後三日之內，將草覆死人臉上，可以復活。一株可活一人，服之令人長生。」

使者將鬼谷先生的話回覆秦始皇，秦始皇大喜，特命徐福往尋仙草。但徐福無功而返，秦始皇十分惱怒說：「徐福等費以巨萬計，終不得藥。」

始皇三十六年，東郡郡守報說天上忽落下一星，到地上化為石頭。石上忽現出文字「始皇帝死而地分」。七字皆是陰文。秦始皇平日最忌說死，得此心中大怒，立命御史前往東郡。

御史見石上文字果似人工雕刻。傳問石旁人民，統說是天空下墜，無人刻字。追究起來無一人承認，又不能尋得憑據指出犯罪之人。御史沒法，只得回京覆命。秦始皇下令：「將石旁居民全體誅戮，並將怪石毀去。」地方官奉詔，立將附近人民盡數拿下，共計數百人，人人叫屈連天，有冤也無處訴。

秦始皇雖然將石頭滅跡，稍平怒氣。但心中終覺得是惡兆。又想起盧生情虛逃走，徐福又去許久不回，長生不死之事已是絕望，因此悶悶不樂，興致索然。

當年秋天，有一使臣回京，報秦始皇說：「此次由關東夜行，路過華陰平道，忽望見有素車白馬從華山上馳下，車中有人，手持一璧，授與臣說『可替我贈滈池君，今年祖龍當死。』臣接璧，心中詫異，正欲相問，頃刻間車馬連人忽然不見，真是莫名其妙。」說畢將璧呈上。

秦始皇暗想：「祖者，始也；龍者，人君之象。『祖龍』二字明是指著自己，莫非果應在我身不成？此番不比從前，是使臣親見，況又有璧爲據。」他勉強說：「你在華陰相遇，定是華山腳下的山鬼，聽說山鬼只知一歲之事，明年的事，他豈能預知？所言不足信。」使臣無言退出。

秦始皇又自己寬解：「祖龍不過是說人之先代罷了。」遂將璧交與掌管御府官吏，令其驗明。據回報，說是二十八年前出遊渡江時，曾將此璧投水祀神。秦始皇因此心中疑惑不安。遂命太卜卜得一卦，卦云「出遊移徙最吉」。始皇始皇暗想，自己可遊不可徙，百姓可徙不可遊，不如自己出遊而讓民遷徙，當可趨吉避凶。便命官吏將內地人民三萬家，移至北河、榆中二處居住，以應卦兆。

三十七年十月，秦始皇擇定吉日出遊。命左丞相李斯、中車府令趙高隨行，右丞相

馮去疾留守。秦始皇少子胡亥素得寵愛，此次自願從遊，秦始皇應允。十一月，南行到雲夢，過丹陽，抵錢塘，上會稽，祭大禹。又循海北上，至琅琊。秦始皇求仙之心尚未盡死，傳問徐福，可否求得仙藥。

徐福恐秦始皇見責，假說：「蓬萊仙藥本可取得，無奈因海上有大鮫魚爲害，掀風作浪，阻住海船，所以不敢前往。最好尋善射的人，乘船同去，遇見鮫魚，就用連弩迭射。」

秦始皇信以爲實，不去追究。原來秦始皇曾夢見自己與海神爭戰，海神身披盔甲，手執戈矛，形狀與人無異。醒來召問占夢博士。博士說：「水神平日人不得見，大約每出必有大魚或蛟龍隨之，故可以大魚、蛟龍爲驗。今陛下祀神甚謹，偏有此種惡神暗中作祟，理應設法驅除，方得善神相見。」

秦始皇今見徐福所說，與博士不謀而合，愈加深信不疑。遂命徐福入海，船中隨帶捕拿大魚器具。一面挑選弓弩手數百，架起連枝弩箭，隨著車駕沿海而行，預備與海神一決雌雄。遂自琅玡起程，向北經過勞山、成山，約航行了數十里，並不見有什麼大魚鮫龍。直至芝罘始見大魚，加發弩箭，射死一尾。

當時盧生逃走，秦始皇言語連到徐福身上。徐福見秦始皇歸罪儒生，興起大獄，愈加危懼。心想：「數年來求仙尋藥，毫無效果，終久必遭殺害，不如設法逃走。但天下之

大，無處藏身。惟有逃往海外，到他權力不及處，覓地居住，才可安穩。」這時他又騙始皇海中有大魚，待大魚射死，始皇命他再去東海尋覓不死之藥。

徐福想趁此逃走。又想到獨身逃往海外，未免生活艱難，於是對秦始皇說：「欲到祖洲，須童男童女各三千人，並五穀種子，百工技藝一切完備，裝載數十大船，方能求得不死之草。」秦始皇命人如言備辦。徐福辭別秦始皇，率諸人乘船渡海而去。

船行多日，見一片汪洋，海水深碧，四顧無岸。一天，遠遠望見一個海島，徐福催船前進，到了岸邊，將船下碇泊住。徐福登岸瞭望一回，島中草木叢生，沒有人跡，且見平原廣大，可容多人。山水清秀，氣候溫和。若慢慢開闢起來，可成避秦的樂土，徐福回到船中，吩咐隨來之人一概登陸，方對眾人說：「秦皇要我們求不死藥，試想不死藥從何而來？若再空手回報，我們都要被斬首了。」大眾大恐，禁不住相互抱頭痛哭。

徐福又說：「我已想了一條活路，你們看這座荒島，雖然榛莽叢雜，卻是地熱易生；若經我們並力開墾，便可資生。好在舟中備有穀種農具，照此辦法，我們均得安居樂業，不必輸糧納稅，又不至犯法受刑，豈不是一勞永逸？」

眾人心想：「久住內地，身遭虐政，苦不可言。今得到此，雖開闢須費工夫，但免受壓制，已好似人間天堂。」於是大眾都慨然應諾，歡歡喜喜，各將生平技藝就荒島上施展一番。有鑿井的，有耕田的，有製造器物的，有建築房屋的。不多時一切完備。

徐福又將帶來童男女配成夫婦，從此在島上安居樂業。既不須納稅服役，又不遭苛法酷刑，好似海外桃源。大眾俱有家室，安然度日，再也不想西歸。後來徐福老死，便在島上安葬。現在日本還有古墓，相傳是徐福葬身之處。

徐福一去經年，杳無消息。秦始皇渡過黃河，在平原津忽然患病，漸漸沉重。一天到了沙丘，暫駐故趙行宮養病。秦始皇病得昏迷幾次，自知不起，召李斯近前，口授言語，製成璽書，賜與長子扶蘇。書成始皇痰氣上壅，奄然長逝，享年五十歲。

趙高陰立幼子胡亥即位，是爲二世，秘不發喪，僞詔殺死了長子扶蘇。當初秦始皇即位，已擇定驪山爲陵墓，後來得了天下，又用罪徒十萬作工。因驪山上有土無石，遂到渭北諸山採石運來。又因秦川北流擋住墓道，將水道填塞，移向東西流去。當時運石罪徒勞苦怨恨，遂作歌「運石甘泉口，渭水爲不流。千人一唱，萬人相鉤！」總歷時十年，方才竣工。

陵墓裏面是一座大宮殿，外面成一座山林，周圍約有五里餘，穿地透過三重泉水。墓四圍用銅鎔成牆壁，外塗以漆。墓中上備天文，日月星辰，皆用大明珠綴成；下備地理，江河湖海以水銀爲水，安設機器，使之周流不息；中間建築宮觀苑囿，備置奇珍古玩。將百官刻石爲像，站立兩旁。又用金銀爲鳧雁，玉石作松拍。墓中皆用人魚膏爲燭。人魚生

在東海，狀如人形，長尺餘，肉不能食，取其油作燭，能經久不滅。

二世命將秦始皇妃嬪及御幸宮人，凡未曾生子者，都令殉葬。到了葬日，將殉葬諸人納入，外面重重封閉。無數玉肌冰膚的美人，活活在裏面餓死，盡作了髑髏。又因墓中寶物很多，恐將來被人發掘，令工匠製造機弩，在墓四圍安置機關，排列管箭。人若行到近旁，誤觸機關，弩箭自能發射。

因爲使用工匠很多，二世等到墓中內門一律封閉完固，工匠尙未出外，便令人將墓道外門關閉，加土填築。匠人都被埋入墓中。後來始皇墓被項羽發掘，一個牧童到此牧羊，羊墜入墓中，他點火尋羊，最後將秦始皇的遺塚燒爲灰燼。

秦始皇求仙的事蹟在《史記·秦始皇本紀》皆有記載。唐李白詩曰：「秦王掃六合，虎視何雄哉！揮劍擊浮雲，諸侯盡西來。」他滅群雄一統天下的氣概與他荒謬的求仙訪道好像是不同的兩個人所爲。許多野史筆跡也有大量始皇尋仙的記載，如《太平廣記》卷第二百九十一：（**大意是**）秦始皇造石橋，想跨過海去，看一看太陽升起的地方。據傳說，有個神仙能驅石下海。陽城十一山，今盡起立，且向東傾斜，彷彿相隨而行。石山走得太慢，那神仙就用鞭子抽打，這些石頭便會流出血來，石頭全變爲紅色。秦始皇在海中作石橋，非人功所建，海神爲之豎柱。

爲感謝他的恩惠，始皇請求與之相見。神說：「我的樣子十分醜陋，先約定好，千萬別把我畫下來，這樣才能與你相會。」始皇從石橋入三十里，與神相見。左右有手巧的人，暗中用腳把海神的相貌畫了下來。神怒曰：「帝負約，可速去。」始皇沒有辦法，即轉馬而回。哪知馬前腿剛剛落地，後腿下面的石橋就崩塌了，僅僅使他及時登到岸上而已。

譚嗣同曾說中國是「兩千年之政皆秦政也」。其實拋開惡劣政治的深層意義不說，單「萬歲」一個詞爲多少帝王熱衷就可見一斑。自古沒有不想長生不死的帝王。其實上至帝王將相，下至販夫走卒，都有人生若白駒過隙的憂慮。

漢《古詩十九首》云：「生年不滿百，常懷千歲憂。晝短苦夜長，何不秉燭遊！爲樂當及時，何能待來茲？愚者愛惜費，但爲後世嗤。仙人王子喬，難可與等期。」那種深刻的生命體驗令人爲之黯然。曹操亦有「對酒當歌，人生幾何？譬如朝露，去日苦多。」的感慨，人生最大的悲劇就是時光恍然滑過，不覺間已鬢生華髮。東晉桓溫北伐，經金城，見爲琅琊時所種柳，皆已十圍，慨然曰：「木猶如此，人何以堪！」人生之短暫如夢，豈是虛無飄渺的仙道可以化解。

一九九四年，舉世聞名的秦始皇兵馬俑二號俑坑正式開始挖掘。在二號俑坑內，考古學家發現一批青銅劍，長度為八十六公分，劍身上共有八個稜面。考古學家用游標卡尺測量，發現這八個稜面的誤差不足一根頭髮。這批青銅劍內部組織細緻，劍身光亮平滑，刃部磨紋細膩，它們在黃土下沉睡了兩千多年，出土時依然光亮如新，鋒利無比，且所有的劍上都被鍍上了一層十微米厚的鉻鹽化合物。代表當代的冶鐵技術已十分先進。

原來是做給別人看的？

劉備摔子托孤秘事

劉備（一六一～二二三），字玄德，涿郡（今河北）人，東漢遠支皇族，三國時蜀漢的建立者，謂蜀漢昭烈帝。幼貧，後入軍旅參與鎮壓黃巾起義，在諸葛亮的籌劃中，聯合孫權打敗曹操於赤壁，占荊州、益州和漢中。二二一年稱帝，定都成都，次年在吳蜀之戰中敗北，不久病故。

自古以來，所有的帝王無一不是把江山社稷視為自家私產，傳與子孫，絕不容他人染指。尤其是開國君主，數十年浴血征戰，出生入死，好容易才登上皇帝寶座，惟恐皇位不能承傳萬世，豈有願把江山拱手送人之理？可是，惟獨劉備似乎很願意將辛辛苦苦打下的

江山讓給別人來坐，這個「別人」是誰呢？蜀國丞相諸葛亮（一八一～二三四）。

劉備征吳失敗，在白帝城重病不起，臨終時，將太子劉禪託付給丞相諸葛亮，說：「若嗣子可輔，輔之；如其不才，君可自取。」諸葛亮聞言，既感動，又惶恐，涕泣叩頭道：「臣敢竭股肱之力，效忠貞之節，繼之以死！」

一個以江山社稷相託，甚至表示願以江山社稷相讓；一個為報知遇之恩，竭誠輔佐後主，鞠躬盡瘁，死而後已。劉備「君可自取」的話究竟是出於真心，還是出於假意？作為帝王，有這般心胸，能說出這種話來實在是太不簡單了，以致令人難以置信。因此，許多人對劉備是否出自真心表示懷疑。

帝王們最不放心的事，大概就是外人動搖自己家的皇位。凡是可能對太子的皇位構成威脅的勢力都得徹底剷除，若做不到這點，老皇帝臨終是咽不下氣的。漢高祖劉邦和明太祖朱元璋，得到天下之後都大殺功臣，昔日功勳顯赫的謀臣宿將幾乎被斬盡殺絕，之所以演出這一幕幕血腥的慘劇，其根本原因就是怕這些開國元勳們日後威脅太子的皇位。

如果太子年幼，老皇帝臨終也不得不任命親信大臣或親王輔政。任命這些輔政大臣乃是不得已而為之，老皇帝很難放得下心，所以同時被指定輔佐太子的，通常不是一位，而是好幾位大臣，這樣才好互相牽制，以免一人大權獨攬。清代順治皇帝為康熙指定的輔政大臣有鰲拜、索尼、遏必隆、蘇克薩哈四人，咸豐皇帝指定輔佐同治的大臣則多達八人。

有尚書令李嚴。李嚴原是劉璋的部下，劉備入蜀時率眾歸順，與諸葛亮之間過去並無淵源關係。讓李嚴與諸葛亮共同輔政，除了有在益州人士與荊州人士之間搞平衡的考慮外，很難說沒有使之互相牽制的用意。所以，人們當然有理由對劉備的臨終遺囑是否完全出自誠意打個問號。

劉備預備托孤用的輔政大臣是否就只有諸葛亮一人呢？不是的。當時被指定輔政的還

劉備對自己的兒子非常瞭解，對他的期望並不高。劉禪不過平庸之輩而已，因此根本不敢指望他有所作爲，只好勉之以小善，誡之以小惡罷了。既然已經清楚自己的兒子無能，還要說「如其不才，君可自取」，不是顯得太矯情了嗎？那麼劉備爲何還要誠懇無比地讓諸葛亮「自取」呢？

這就是劉備的高明之處了。劉備知道，從道義出發，諸葛亮是絕不敢、也絕不忍做出像曹丕篡漢那樣的事來。人之將死，其言也善，劉備臨終托孤，對諸葛亮卻仍不免使用一點心計和權術，這也是爲了確保太子皇位的一番苦心。

不過，劉備與諸葛亮之間的確是歷史上一段很親密、融洽的君臣關係。劉備認爲「孤之有孔明，猶魚之有水也」，臨終之際又將太子託付給諸葛亮，並讓太子對諸葛亮事之如父。這在歷代君臣關係中是極其罕見的。然而，君臣關係再親密、再融洽，恐怕也不會達到以江山社稷相讓的地步吧？

神秘的帝國

阿茲特克帝國滅亡秘事

西元十四世紀中葉，在墨西哥高原上發展出一支有別於馬雅文化的另一印地安文明——阿茲特克文明，其建立者為來自墨西哥西北方高地的墨西加（Mexica）人。他們定居之後，即由鄰近地區不斷吸取宗教、建築、手工藝、文字等文化技術，締造了阿茲特克文明。十五世紀中葉之後，勢力達到空前，和馬雅、奧爾美加並列為中美洲三大古文明。

阿茲特克人是印第安人的一支。十一世紀前後，他們進入墨西哥西北部地區，十四世紀初，建立了阿茲特克帝國。阿茲特克人通過征戰，建立了當時輝煌強大的帝國。令人不

可思議的是，這個帝國大約在十六世紀中葉它的最鼎盛時期卻突然消亡了。

究竟是什麼原因使之突然消亡？這仍是一個令人困惑的千古之謎。

在西元一五一九年的阿茲特克國，天空莫名其妙出現了彗星，一處重要的神廟神秘失火，湖裏濁浪滾滾，一塊巨石發聲宣布蒙提祖馬國王的末日。為此，國王蒙提祖馬二世每日愁眉不展，提心吊膽，生怕有什麼不好的大事突然降臨。

事實上，這一年在阿茲特克人看來，確實非同一般，因為這一年在阿茲特克日曆上是所謂的「一根蘆葦」年。「一根蘆葦」即傳說中的「白色之子」羽蛇神復仇之年。幾百年前，羽蛇神被趕出托爾特克首都圖拉，相傳他將於這一年從海上回來報仇，重奪國家統治權。為了消除神靈的憤怒，阿茲特克大祭司用了上萬的戰俘來進行活人祭祀。

就在這一年，為了來美洲尋找黃金，西班牙船長科爾特斯帶著十六匹首次踏上美洲大陸的戰馬、一批槍械及五百五十名士兵，在墨西哥灣棄船登岸，向西部富饒的阿茲特克進發，並求見國王蒙提祖馬二世。

當阿茲特克人看到白皮膚、大鬍子、穿鐵甲的怪物從羽蛇神當年消失的海上出現，騎著從未見過過的神奇駿馬，伸手拋出一團火光，根本不知道遇到的是神、是怪、還是人。於是，埃爾南．科爾特斯被國王蒙提祖馬二世誤認是羽蛇神的化身，熱情地恭迎他們到首都特諾奇蒂特蘭城，並將科爾特斯直接接入王宮盛情款待。

科爾特斯利用了阿茲特克人的熱情，由於看到對方人多勢眾，心懷鬼胎的科爾特斯感到直接的武力對抗難以奏效，遂乘機率兵將蒙提祖馬二世挾持了八個月。由於西班牙人在特諾奇蒂特蘭城的胡作非為遭致了阿茲特克人的憤怒，西班牙人被趕出了特諾奇蒂特蘭城。之後，科爾特斯徵募了許多對阿茲特克不滿的鄰國軍隊，並且長驅直入，一直行軍到特諾奇蒂特蘭城下，率兵再戰。

一五二一年八月十三日，經過激烈巷戰，城市終於陷落，守城軍民幾乎全部被打死，整個特諾奇蒂特蘭城也被燒掉。前後三年的首都保衛戰中，阿茲特克人戰死近十萬人。倖存者身上被烙上印記，淪為奴隸，作為戰利品分封給五百名有功勞的西班牙士兵。有一首詩歌《特諾奇蒂特蘭被圍的最後幾天》寫道：

「大路上滿是折斷的箭簇，撕掉的頭髮散落各處。房子被掀去了屋頂，牆壁被鮮血染紅。」

吃人的阿茲特克人也嘗到了自己的血腥的滋味。

不過，由於雙方兵力懸殊，實際上，西班牙人根本無法與聲勢浩大的阿茲特克軍隊抗衡，據說瘟疫是西班牙人利用的「秘密武器」之一。

當西班牙人到達了美洲大陸之後，順便也把歐洲大陸上流行多年的天花、痲疹、感冒、傷寒、黑死病病毒帶到了阿茲特克等地。阿茲特克人因為俘虜了一名患天花病的西班

牙士兵，使天花在阿茲特克人中間迅速傳播，這種病毒在這個對病毒一無所知的土著群體裏迅速傳播開來。據說將近三百萬阿茲特克人成了它的犧牲品。阿茲特克人的大量死亡，導致了國力的很快衰落，儘管在軍隊數量上，阿茲特克佔有絕對的優勢，最後，帝國還是不攻自破。

還有一種相近的說法，只是細節略有不同。科爾特斯包圍特諾奇蒂特蘭城時，送給城內人很多沾有天花病毒的毛氈，讓城裏流行恐怖的瘟疫，而城外的西班牙人因爲已經罹患過，所以得以免疫，讓城內人誤以爲他們有天命相助，非人力可抗拒，因而陷落。

此外西班牙人的勝利，還得益於許多土著盟友的支持，這些盟友一直渴望著對阿茲特克人進行報復。西班牙殖民者在征服特諾奇蒂特蘭城時，就充分利用了阿茲特克帝國與藩屬的緊張關係，最終在眾多印第安人的協助下，摧毀了阿茲特克帝國。

科爾特斯之所以能夠糾結起那麼多反對阿茲特克的武裝，跟阿茲特克的活人祭祀也有莫大的關係。爲了滿足這種慘不忍睹的活人祭祀的需要，阿茲特克人對敵對的部落和鄰國發動了許多次的「花環戰爭」，以俘獲戰爭俘虜用於獻祭。這些頻繁的戰爭和使用鄰國人民作爲祭品的行爲，招致了鄰邦對阿茲特克的恐懼和仇恨，最終，由於西班牙人的從中煽動，鄰邦才與西班牙人聯合起來，攻入了阿茲特克帝國。

說法有這麼多，事隔千年，我們很難確認阿茲特克滅亡到底是由於什麼原因，讓我們

拭目以待，也許未來考古學家能給我們一個信服的答案。

不過也許，它真的就將變成一個千古之謎了。

都是女人惹的禍

唐太宗殺弟奪妻秘事

唐太宗李世民（五九九～六四九），唐朝第二位皇帝。年號貞觀。唐朝建立後，李世民受封為秦國公，後又晉封為秦王，發動玄武門之變，殺死太子建成及齊王元吉，唐高祖不久被迫讓位，李世民即位。他即位後，虛心納諫，在國內厲行節約，使百姓休養生息，開創了唐朝歷史上著名的「貞觀之治」，也為後來的開元之治奠定了重要的基礎。唐太宗在位廿三年，享年五十歲。

齊王李元吉的妃子楊氏，是長安教坊的一個舞妓，她冰雪聰明，眼眸顧盼間搖人心旌。且知書識字，能吟詩作賦，後被李元吉收爲妃子，十分受寵。楊氏生得體態風流，性

情柔媚，面如出水芙蓉，腰似迎風楊柳，在唐室王妃中最爲美豔。楊妃的美貌，任何鐵石心腸的人，見了她也要動心。李世民也不例外。

唐高祖李淵的元配竇皇后生四子：長子建成，次子世民，三子玄霸早卒，四子元吉。建成爲太子，但李世民覬覦帝位，且在滅隋的過程中積累了相當的實力。元吉在這場勾心鬥角的權力爭奪中站在建成這一邊。

武德九年六月，年僅二十四歲的元吉在玄武門之變中被李世民射死。玄武門之變三天以後，唐高祖李淵宣布立秦王李世民爲太子，處理國家一切政務。

楊妃平時與秦王李世民妃長孫氏交情莫逆。李元吉身亡家破，楊妃年正花樣年華，只落得孤帷寂寞，舉目無親，長孫氏念及舊情，常邀她過來敘舊，好言勸慰。

一天，正當楊妃與長孫氏坐談，忽然李世民進來，楊妃起座相迎，待李世民坐定，她屈膝下跪，對著李世民請求把她處死，反弄得李世民不知怎麼辦好。長孫氏慌忙勸解，楊妃嬌啼宛轉，楚楚可憐，其實這不過是楊氏獻媚的手段。

李世民那樣一個絕世英雄，也不禁情腸悽楚。況且她淡妝淺抹，秀色可餐，那種哀豔態度，真是筆墨難述萬一，令人魂銷魄蕩。李世民離座，連稱請起。長孫氏忙來攙扶，好容易才把楊妃扶起，楊妃還是哭個不停。

李世民說：「王妃不要過悲！齊王謀亂，與王妃沒有關係。我在世一日，總會休戚與

共，不要過慮！若嫌在齊王府寂寞，不如徙居我這裏，好在你姊妹兩人，一向沒有嫌隙，彼此相安度日，我也免得擔憂了。」

楊妃本是個隨高逐低的人物，當然唯命是從，當天便遷居過來。李世民早已看上這嬌嬌滴滴、嫋嫋婷婷的弟媳，特地收拾了一間乾淨的內室，凡室中一切佈置，都是李世民親手安排佈置，又讓心腹侍女數人，作為楊妃室中的服役。遇到春秋佳節，李世民每賞賜妃嬪花粉珍寶，也照樣賞賜楊妃一份。

元宵那一天，日本國遣使朝貢，貢品裏面有鮫綃宮帳兩頂，是南海中鮫魚吐的絲織成的，薄得和蛛網一般，拿在手中像空氣，掛在床上，裏外明徹。李世民收入後宮，一頂賜與長孫氏，一頂卻賜與楊妃。從來宮中賞賜，沒有人敢與長孫氏相同的。女人家最容易被這些打動，楊妃不禁暗自心喜。李世民平日無事，便往她室中敘談，漸漸的開始不避嫌疑，最後到耳鬢廝磨，兩情入轂。

李世民偶然有一天不來，楊妃心中便好似丟了什麼似的，飲食無味，魂夢不安。一待到聽得外邊有腳步聲，楊妃便不覺柳眉輕舒，桃腮凝笑。

一天深夜，夜漏將半，楊妃已經就寢入睡，忽然侍女進來說：「太子到了。」楊妃慌忙穿衣起床，略整衣裳，便出去相迎。

李世民進來，與楊妃行過了禮，楊妃問：「殿下為何深夜到此？」

李世民說：「父皇召我侍宴，多飲了幾杯酒，說的上內禪的事，至此才得脫身，因此來得過遲了。」

楊妃立即跪下稱賀，李世民趁著酒意，竟用手攙起楊妃的柔荑：「我還尚未受禪，怎好受賀？」

楊妃輕輕推開李世民的手，才半嗔半喜的站起來。

這時正值仲秋，皓月當空，月光的清輝灑進來，室內銀燭高燒，人影約約綽綽。李世民在燈月下定睛瞧著楊妃，見她雲鬟半捲，星眼微揚，穿一套縞素羅裳，不妝不束，卻更顯出明媚如玉。

楊妃見李世民直盯著自己，也不禁宛爾一笑。

李世民轉顧明月道：「中秋將至，想嫦娥在廣寒宮，應亦跂望團圓。」

楊妃淒然說：「不料天上也有殘缺。」

李世民微笑：「我今夜踏月而來，王妃可否與我一起賞月？」

楊妃尚未來得及回答，侍女已在一邊湊趣說：「廚下尚有酒肴，搬了出來，就可賞月了。」

那時西軒早啓，晚宴初陳，李世民邀楊妃入席，真所謂「酒爲色媒，色爲酒媒。」

楊妃入席時，還有三分靦腆，及至酒過數巡，漸把羞澀撇在腦後，抬頭看那風流倜儻的儲君，英姿灑落，眉宇清揚，再回憶那齊王元吉，與李世民生本同胞，偏長得一妍一醜，大不相同，想到這裏，禁不住心猿意馬，竟把平生的七情六欲一齊堆集攏過來。

李世民幾次溫存，她也不見不聞，彷彿癡了一般，惹得席旁侍女都吃吃地暗笑，楊妃方才回過神來，不由得兩頰愈紅，低頭弄這衣帶。

李世民說：「夜已很深了，再喝一杯便撤席罷。」於是各斟一滿杯，彼此一飲而盡，以作兩人的交杯酒。侍女撤去殘肴，次第出外，單剩兩人在床幃裏演龍鳳配了。

隔了數日，唐高祖禪位於李世民，是爲唐太宗。冊長孫氏爲皇后。楊妃被納爲妃嬪，日加寵眷。

太宗變寵楊妃，便爲死去的李元吉加封，追封爲海陵郡王。後來長孫皇后去世，太宗欲把楊妃升入正宮，魏徵再三爭論，說陛下須爲萬世家法，萬不可使失節婦人母儀天下，太宗只好死了這條心。

新舊《唐書》后妃傳裏沒有楊妃的位置，只在敘述她生的兒子曹王明列傳裏捎帶提了一句。據《新唐書》：「曹王明，母本巢王妃，帝寵之，欲立爲后，魏徵諫曰：『陛下不可以辰嬴自累。』乃止。貞觀二十一年，始王曹，累爲都督、刺史。高宗詔出後巢王。永隆中，坐太子賢事，降王零陵，徙黔州。都督謝佑逼殺之，帝聞，悼甚，黔官吏皆坐免。」又《舊唐書》：「詔令繼巢剌王元吉後。」太宗將曹王明過繼給已死的齊王元吉當

兒子，而且最後被地方官殺死，可能那時楊妃已經失寵。

以唐太宗一世英名，卻殺其弟奪其妻，未免有點說不過去。最不能瞑目的大概是李元吉，被人奪了妻子，還貶爲豬狗不如的下流人物，欽定的《高祖太宗實錄》說「巢剌王（李元吉）性本凶愎，志識庸下，行同禽獸。兼以棄鎭失守，罪戾尤多，反害太宗之能。」死人是不會說話的，若李建成沒有在玄武門之變喪生，大概「志識庸下，行同禽獸」可能就安在了李世民的名下。

至於楊妃最終的結局，歷史沒有記載，大約不外是兩種：老死窗牖間或者像武媚一樣出家爲尼，不過武媚尚有一個李治惦記，而她就未必了。

女王我最大

武則天獨掌大唐江山秘事

武則天（六二四～七〇五）是唐高宗李治的皇后，後改唐為周，自己做了皇帝。她是中國歷史上唯一的女皇帝，李唐王朝二百九十年的歷史，有近半個世紀是由武則天這位女性皇帝導演的。她一生的功過，經受了一代又一代人的褒揚與貶詈。

唐太宗身體不適，太子李治入奉湯藥，恰好武媚娘侍側，高宗見她長得美麗而心蕩神搖，兩人目光交錯時，武媚便含羞轉過臉。李治苦於沒有機會與她說句話。

一天周圍無人，媚娘奉金盆水跪進，李治手伸進水盆裏，把水灑在武媚衣服上，且挑逗說：「乍憶翠山夢裏魂，陽臺路隔豈無聞。」媚娘隨即宛爾一笑道：「未漾錦帳風雲

會，先沐金盆雨露恩。」堪稱最經典的意淫。李治大悅，遂攜她的手，交會於宮內小軒僻處，極盡繾綣。

事後，武媚執衣而泣：「妾雖微賤，久侍至尊，欲全陛下之情，冒犯私通之律。異日居九五，不知置妾身何地耶？」李治解所佩九龍羊脂玉鉤給她，曰：「即不諱，當冊汝爲后。」

武媚就是後來歷史上惟一的女皇武則天，她的父親武士彠，是山西的大木材商，寒門地主出身。他頗好交結，唐高祖在河東時，曾在他家住過。高祖爲太原留守，引用他作行軍司鎧參軍。武士彠曾力勸高祖起兵反隋。高祖起兵時，他幫助高祖克服了王威、高君雅的阻難，後來又隨高祖入長安。武德年間，他做到工部尙書，封應國公，從此才成爲貴族。

武則天母楊氏，是隋朝宗室宰相楊達之女，四十二歲嫁武士彠爲繼室妻子，生有三女，武則天是其次女。

入宮之前，武則天的生活並不如意。他的少女時期隨做官的父親在四川生活，後來，父親去世，同父異母的兄長對她們母女很刻薄，因此武則天在長安和姐妹、母親有過一段很艱難的生活。

貞觀十一年，十四歲的武則天入宮時，母親楊氏傷心慟哭，武則天安慰母親說：「母

親不要難過，女兒得以一見天顏，怎知不是福分呢？」

進宮一年多之後，終於被召入掖庭宮，受唐太宗初次寵幸。被太宗賜名叫武媚。一次，唐太宗得到一匹名「獅子驄」的烈馬，性格暴躁，不好駕馭。唐太宗爲此嘆息不已。當時武則天侍候在側，她說：「妾能馭之，然需三物，一鐵鞭，二鐵錘，三匕首。鐵鞭擊之不服，則以鐵錘錘其首；又不服，則以匕首斷其喉。馬供人騎，若不能馴服要牠何用。」

不幸的是，某一年空中出現太白金星，因爲古書中也記載「三代之後，女主武王」，宮中武姓女子只武媚一人。太宗儘管貪戀女色，爲了社稷，從此絕不接近武媚，將她貶爲奴婢，視作妖惑。

武媚粗茶淡飯，在屈辱、嫉妒中長大。唐高宗在他當太子的時候，就看中了武則天。在孤寂的生活中，她逐漸與太子李治志趣相投，關係密切。李治悄悄將玉墜送與她作定情之物。太宗駕崩後，按照慣例，沒有生育過的嬪妃們要出家做尼姑，生育過的則要打入冷宮，爲死去的皇帝守寡，宮中凡受寵幸的女子全到感業寺削髮爲尼。兩年的尼姑生活使她全面地回顧了宮廷生活的富貴與艱險。

高宗李治嗣位，到了第二年，太宗的忌日，李治到感業寺裏來進香，武則天緊緊把握住了這次機會。她使高宗又回憶起了先前的戀情，私下令武則天蓄長髮。最後武則天被李

治帶回宮中，再次回到自己生活過的唐朝皇宮，並被冊封爲才人。

她能夠回宮，同時還有著另一層複雜的背景，當時王皇后正與蕭淑妃爭寵，決計利用武媚的美貌，轉移高宗對蕭氏的厚寵。遂令武氏暗中蓄髮，獻給高宗，封爲宸妃。

武則天回宮之初，也只是宮女身分，安排在王皇后身邊。她能夠「卑詞曲體以事后」，王皇后「數稱其美於上」。永徽三年，武則天生了長子李弘，給自己帶來了晉升的希望，也給王皇后增加了一層憂慮。

永徽五年，武則天被冊封爲昭儀，地位僅次於皇后與淑妃。這一舉動使王皇后大爲震驚，當初武則天僅僅是個宮女，今天忽然變成生有皇子的昭儀，這使王皇后深切地感受到來自武則天的威脅。一開始，武則天聯合王皇后，奪去高宗對蕭氏的寵愛。當蕭氏失寵後，她認爲自己要當六宮之主，必須把王皇后打下去。

有一天，王皇后閒得無聊，到昭儀宮中逗小公主玩了一會兒，然後離去。武氏在王皇后來時，她故意避開，及至王皇后離去，便將小公主弄死，嫁禍於王皇后。事發，唐高宗大怒下詔：「王皇后蕭淑妃謀行鴆毒，廢爲庶人。母及兄弟一併除名流放嶺南。亡父王仁佑追奪告身。」

廢王皇后的決定遭到很多老臣的反對，特別是高宗的舅父長孫無忌，後來有人對高宗說：「這是陛下的家事。」唐高宗這才下了決心，後下詔立武則天爲皇后。

登上皇后寶座的她面臨的第一個問題，就是如何處置廢為庶人的王皇后和蕭淑妃。《資治通鑑》載，唐高宗偶然行間其所，見門窗關閉甚嚴，於是呼曰：「皇后淑妃安在？」二人聽了嗚咽痛哭，說皇上如果念舊日情分使妾再見天日，請改此院為回心院。她們希望唐高宗回心轉意，撤銷對她們的處分。

這件事很快被武則天知道。她採取果斷措施，縊死王、蕭二人，以絕後患。將王皇后與蕭淑妃誣陷坐罪，各杖二百，斷去二人手足，投酒甕中，浸撈骨殖埋於後苑。

當權的國舅、前朝重臣長孫無忌為了擴大自己的勢力，在內廷儘量鞏固王皇后的地位，在外廷竭力擴大關中軍事貴族的力量。當初高宗問長孫無忌：「王皇后無子，武昭儀有子，朕欲廢后、立后，卿意如何？」

無忌不敢言，有近臣褚遂良諫曰：「王皇后表禮所聘，先帝臨崩，執陛下手，謂臣等曰『朕佳兒、佳婦咸以付卿。』言猶在耳，不敢忘也。況王后未曾有過，何以廢之？陛下必欲易后，伏請妙選天下名族。且武氏經事先帝，又出為尼，人所共知，天下耳目不可掩也。」

武則天、李義府和許敬宗合謀將長孫無忌革去官職，貶出京城。當皇上準備親召長孫無忌回京去查明事由時，袁公瑜已假傳聖旨賜他自縊。

武媚胞姐武姐自進宮陪伴皇后，漸漸和皇上有了感情，兩人在宮中幽會被武媚察覺，

便溜到城裏去私下偷情。不久武姐有孕，武媚便差人將她用繩子勒死。武姐之女賀蘭氏，心中明白是武媚害死她母親，表面上裝作恭維順從。她在甘露殿和皇上調情時，被武媚撞見，武媚用毒酒將這女孩毒死。

高宗受到一連串打擊，對武媚恨之入骨，準備下詔廢去皇后，被武媚發覺，將立詔的上官儀處死，並要皇上稱她爲「天后」，兩人統稱雙聖，共坐朝堂。此後，唐高宗上朝，都由武則天在旁邊監視；大小政事都得由皇后點了頭才算數。

西元六八三年，高宗病逝。之後繼位的中宗李顯和睿宗李旦，都被武則天廢黜。

武媚陸續將李姓諸臣一一誅殺，平息匡復李唐的諸王之亂，將叛變眾臣放逐嶺南，連投降的上千兵將也殺盡斬絕。有個和尚僞造了一部佛經，那部佛經裏說，武則天本來是彌勒佛投胎到人世來的。佛祖派她下凡代替唐朝皇帝統治天下。又有個名叫傅遊藝的官員，聯絡了關中地區九百多人聯名上書，請求太后即位稱帝。武則天一面推辭，一面提升了傅遊藝的官職。結果，勸她做皇帝的人越來越多。當時文武官員、王公貴族、遠近百姓、各族首領、和尚道士，上勸進表的有六萬多人。此時身爲皇帝的李旦已名存實亡，被迫將王位讓給母后。武后便稱帝登基，改大唐爲大周，自稱神聖皇帝。她是中國歷史上唯一的女皇帝。

高宗在世時一直體弱多病，高宗去世後，武則天便在後宮廣納面首。她所納的第一個面首是薛懷義。

薛懷義本名叫馮小寶，是洛陽城裏一個販賣脂粉等台貨的。太平公主見他身體魁梧強壯，於是引他進宮，正式向武則天加以推薦，武則天便任命他爲侍從。武媚和馮小寶夜夜同枕共眠，沉溺在床第之歡中。武則天絕愛之，托言馮小寶有巧思，髡其髮爲僧，改名懷義。

爲了讓薛懷義出入宮禁方便，又因他不是士族出身，乃賜姓薛，改名叫薛懷義。隨即讓他與太平公主的丈夫駙馬薛紹聯宗，讓薛紹稱他爲叔父，這就大大抬高了薛懷義的地位。

從史書的記載來看，薛懷義即是武則天的面首，同時也是太平公主的情夫，可以說是武則天與太平公主母女兩人共用的男妾。

薛懷義曾主持重修洛陽白馬寺，先後晉封爲左威衛大將軍、梁國公、右衛大將軍、鄂國公等。他頤指氣使，驕橫傲慢之極，富貴而驕，多蓄女子於外，又因武則天有其他內寵，薛懷義深爲妒恨，更加爲非作歹，恣意放火燒毀以五百萬鉅資建起宏偉的明堂。武則天極爲厭惡，太平公主便與其乳母合謀，使健婦撲殺了他。

武則天已七十，春秋雖高，齒髮不衰，豐肌豔態，宛若少女。頤養之餘，欲心轉熾，

雖宿娼淫婦，莫能及之。武則天寵幸的面首有張易之、張昌宗兄弟及柳良賓、侯祥、僧惠範等多人。這些人都是以「陽道壯偉」而深得武氏寵愛。

此類面首大部分是經過太平公主親身嘗試之後再推薦給武則天的。張易之、張昌宗兄弟面貌白皙清秀，善音律歌詞。兩人均塗脂抹粉，著錦繡豪華衣裝，深受武則天寵幸。他們兄弟二人平步青雲，屢被加封晉升。因武氏年事已高，政事多委易之兄弟，二人權傾朝中，連武則天的侄兒武承嗣、武三思等人都爭著爲二人執鞭牽馬。在武則天生前，他們作威弄權，一直備受寵信，炙手可熱，驕橫無比。

鑒於歷代皇帝有三宮六院，武則天也想仿效。據《舊唐書》記載：「天后令選美少年爲左右供奉。」這時左補闕朱敬則進諫道：「臣聞志不可滿，樂不可極。嗜欲之情，愚智皆同，賢者能節之，不使過度，則前聖格言也。陛下內寵已有薛懷義、張易之、昌宗、固應足矣。近聞上舍奉御柳模自言子良賓潔白美鬚眉，左監門長史侯祥云陽道壯偉，過於薛懷義，專欲自進堪奉宸內供奉。無禮無儀，溢於朝聽。臣愚職在諫諍，不敢不奏。」武則天對朱敬則的犯顏直諫不但沒有大發雷霆之怒，恰恰相反，竟然對他加以褒獎，說是「非卿直方，朕不知此」。並且賜給彩絹馬匹。這樣，既掩蓋了她在宮中的醜聞，保全了面子，又收到了廣開言路的良好政治名聲。

作爲女皇的武則天，是一個鐵腕人物，然作爲女人，也有情意纏綿，柔情若水的一

面，《全唐詩》等錄有其詩多首，如其《如意娘》詩云：「看朱成碧思紛紛，憔悴支離爲憶君。不信比來常下淚，開箱驗取石榴裙。」

神龍元年正月，宰相張柬之和大臣敬暉、崔玄暐、桓彥範等，趁武則天年老病危，率左右御林軍發動了兵變，誅張易之、張昌宗於迎仙院，迎中宗李顯入朝，逼武則天讓位給李顯，恢復國號「唐」。武則天則由長生殿住進了上陽宮。

同年十一月，八十二歲的武則天病死在東都洛陽上陽宮的仙居殿。死前遺詔：「去帝號，稱則天大聖皇后。」次年五月與高宗合葬於乾陵。並只留下一塊無字碑。

武則天的無字碑和高宗碑並列在一處，矗立於乾陵朱雀門外。西面是「述聖碑」，由武則天撰文，唐中宗書寫，歌頌了高宗皇帝的文治武功；東面就是武則天的「無字碑」，高大雄渾地矗立於陵園內城南面朱雀門外司馬道的東側，與其西側頌揚高宗文治武功的「述聖碑」比肩而立。

「無字碑」由一塊完整的巨石雕成，通高七點五三米、寬二點一、厚一點四九米，總重量達九十八點八四噸。碑頭刻有八條互相纏繞的螭龍，碑東、西兩側各刻有冉冉騰飛的「升龍圖」一幅，升龍高四點一二米、寬一點一九米，其身軀矯健扭動，神態飄逸若仙，線條流暢，刀法嫻熟。陽面是一幅獅馬圖線刻畫，其獅昂首怒目，威嚴挺立；而馬則屈蹄俯首，悠遊就食。整座碑高大雄渾，雕刻精細，不失爲歷代石碑中的巨製。

令人奇怪的是，當初立這塊碑時，碑上竟未刻一字。後人所加的文字，也斑駁若離，若明若暗，模糊不清。據《乾縣新志》載：「向無字。金元後，往來登眺，有題詠詩篇刊其上。」《雍州金石記》也載：「碑側鐫龍鳳形，其面及陰俱無字。」只是從宋代起，碑上才有了筆力險峻、字體俱備的題刻。那麼，女皇武則天立這塊異乎尋常的空白石碑，用意何在？成為一千三百多年來人們猜測、探究卻莫衷一是的「千古之謎」。縱觀諸說，大致有以下四種說法。

（一）武則天立「無字碑」，是武則天德高望重，無法可書。

此說認為，武則天是我國歷史上惟一的女皇帝，她參政以後，通過發展科舉制度，大量吸收新興地主進入政治舞臺，從而打擊了豪門世族；她知人善任，不拘一格，鼓勵舉薦，擢拔了一大批能幹的文臣武將，如姚元崇、狄仁傑、魏元忠、裴行儉、劉仁軌、李昭德、王及善等，史稱「累朝得多士之用」；她還獎勵農桑、興修水利、減輕傜役和整頓田制，使國力增強，同時加強邊防，改善與邊境各族的關係。繼貞觀之治，啓開元全盛，政績蜚然，彪炳史冊，遠非一塊碑文所能容納，留下空碑一座，以示自己功蓋過世。正如明代一位無名詩人在無字碑上題的詩中寫的那樣：「乾陵松柏遭兵燹，滿野牛羊春草齊；惟有乾人懷舊德，年年麥飯祀昭儀。」

（二）武則天自知罪孽太大，無顏為自己立傳，只能用「無字碑」來敷衍搪塞。

此說提出的主要依據是：一，武則天以阿諛奉承的手段騙得高宗的信任，從地位很低的「才人」爬到掌握大權的皇后，最終廢唐改周，自立爲帝，建立了武周政權。二，武則天培植自己的親信，任用酷吏，實行告密和濫刑的恐怖政策，剷除異己。三，武則天當政時期，阻滯了貞觀以來社會經濟的發展，並曾失掉安西四鎮，危害了國家的統一。她自知自己執政中，篡權改制，濫殺無辜，荒淫無道，罪孽深重，無功可記，無德可載，與其貽笑後世，不如一字不鐫。

持這一種觀點的學者有岑仲勉、呂思勉等隋唐史專家。他們根據宋代著名學者朱熹的《通鑑綱目》和歐陽修的《新唐書》等史籍，認爲武則天「即使撇去私德不論，總觀其在位廿一年實際，無絲毫政績可記」。還說「武則天對外族侵凌，全乏對策，而又居心疑忌，秉性殘酷，陷人於罪，全憑鍛煉；賦民間農器立頌德天樞，鑄九鼎，構天堂，對國民生計毫無裨益。」呂思勉則在其兩卷本《隋唐五代史》中，把武則天說成是「暴君」，說她「使濫刑，任酷吏」，所謂「識人才」也是她拉幫結夥，結黨營私而已。

（三）武則天一生聰穎機警，常作驚人之舉，立無字之碑，意在千秋功罪，讓後人評說。

立「無字碑」是聰明之舉，且留有遺言：「己之功過，留待後人評說」。武則天執政期間，有積極的一面，如納諫、不次用人等；也有消極的一面，如任用酷吏、濫殺無辜、崇信佛教、奢侈浪費等。

武則天逝世以前，已被迫還政於唐中宗，自知將來人們對她會有各種各樣的評價，碑文無法概括好壞，所以決定乾脆立一塊「無字碑」，讓後人去判斷。

持第三種說法的學者指出：「從唐中宗起，陸贄、李絳，宋洪邁、清趙翼等人都很尊重武則天，對她評價很高。」認爲，唐太宗打下了盛唐基礎，建立了規模，而「武則天則鞏固和發展了這一基礎，沒有武則天起作用的五十年，也就沒有唐玄宗的『開元之治』，武則天對唐朝的歷史起了承上啓下的作用，是應該肯定的，但也不能以偏概全，武則天的錯誤也是嚴重的，尤其是其統治後期，朝政腐敗，新貴形成，對歷史的前進起了阻礙的作用。」

由於功過相摻，這些學者認爲，「武則天是個聰明人，立無字碑立得聰明，功過是非，讓後人去評論，這是最好的辦法。」

（四）武則天在風雨無常的政治舞臺上活動了半個世紀，可謂君臨天下，不可一世。

然而，武則天死後與唐高宗合葬在一起，就帶來了稱呼問題，究竟是稱呼武周皇帝，還是

李唐皇后?確是很為難。

唐中宗李顯雖是武則天的親生兒子，但卻長期在其淫威下惶恐度日，幾度險遭毒手。李顯對於母親濫施酷刑、濫殺無辜的暴行也是非常憎恨的。武則天先後毒死太子李弘；廢太子李賢爲庶人，後又逼其自殺。中宗李顯當初即位不到一年，就被武則天廢黜皇位，貶逐出京。先後二十多年間，李顯提心吊膽，惶惶不可終日，以至於每次聽到武則天派人來看他，他都嚇得膽戰心驚。他的長子李重潤，女兒李仙蕙都因出言不慎被武則天處死。

此外，武則天晚年還一直思謀著將皇位傳給其武家侄兒。有過這一番飽受折磨經歷的中宗，重登皇位後，雖然不能公開發洩對母親的憎恨，但也講不出對她歌功頌德的好話，只好乾脆一字不刻，爲武則天留下一塊「無字碑」。另外，李顯也難定其稱謂，如褒揚武則天，刻上「大周天冊金輪聖神皇帝」，作爲李唐子孫，感情上不情願；如貶斥其刻上「則天大聖皇后」，而武則天又明明做過十六年的「大周」皇帝。左右爲難，無可奈何之下，就只能在高宗的「述聖碑」側立一塊「無字碑」了。

對歷史的拷問

古羅馬帝國滅亡秘事

西元前三十年，屋大維建立元首政治，開始了羅馬帝國的歷史。至西元四七六年止，為奴隸制君主專制國家。羅馬帝國共分三個階段：前期羅馬帝國、三世紀危機時期及後期羅馬帝國。

自西元前三十年起，奧古斯都建立的羅馬帝國在歐洲迅速崛起，至西元三世紀，羅馬帝國的版圖橫跨歐、亞、非三大洲，達到全盛。然而，時隔不久，這個強大帝國又迅速衰落，很快就陷於分崩離析的亡國處境，誰能想到這樣一個大帝國會一下子滅亡了呢？

羅馬帝國到達它的晚期時，已是一片衰敗的景象。英國歷史學家吉本在他的《羅馬帝國衰亡史》中這樣描述道：

「羅馬政府在敵人眼中一天比一天軟弱，而對它自己的臣民來說，一天比一天更為兇惡、更為可厭了。隨著公眾災禍的增多，賦稅日益加重……心術不正的富人把不平等的負擔從自己身上轉移到人民身上，富人用欺騙手段奪走有時還可以略為緩解他們災難的一些特惠待遇，沒收他們的財貨，對他們進行拷打的嚴酷的徵斂，使得臣民寧可接受野蠻人的更為簡單化的暴政統治、逃亡到森林或山區中去，或者寧願去充當下賤的可以賺點錢的奴僕。過去人們所極力追求的羅馬公民稱號，他們現在只感到非常厭惡，紛紛放棄……」

羅馬帝國的軍事實力也已今非昔比了。軍隊的衰落約始於三世紀，軍人追逐權力與財富，變為政權競爭的主力，不再把全部心思花在捍衛帝國的職守上了。在此情形下，政權更多依賴軍隊，而不是普通公民，這樣，由於武力的過多介入和非常的效用，篡奪皇帝寶座的事情經常發生。

塞佛留皇帝在位以後，兵源常感不足，原來軍隊組成以羅馬公民為主，配以來自文明地區的帝國居民，後來士兵漸成世襲。奧理略皇帝在位時，蠻族加入軍隊，三世紀後，主要兵源仰賴蠻族，很多家庭子弟不願當兵，軍力常感不足。這些變化都在慢慢改變羅馬的軍事基石。

由於對羅馬帝國歷史的分外關注，歷史學家們給出了許多嚴肅認真的解釋。李．拉夫在《世界文明史》中給出了一個很全面的解釋。他從政治、經濟、和社會心理三方面大加闡釋，他認為，在政治上，元首制下缺乏明確的繼承法，結果元首一去世，接著就是內戰；帝國後期政治上最大的缺陷，是沒有使足夠的人參與政府活動，帝國的居民大多數是不參與政治的臣民，沉重的稅收常常使他們對帝國心懷仇恨。

在經濟上，羅馬最嚴重的經濟問題是由奴隸制度和勞動力短缺所引起的。羅馬城市主要依靠奴隸生產的剩餘產品，但是奴隸承擔的勞動過於繁重，以致無法通過繁衍後代來補充奴隸隊伍，隨著對外政府戰爭的結束，戰俘奴隸的來源斷絕了，結果鄉村生產的剩餘產品越來越少；奴隸制度使羅馬的奴隸主不關心發展生產技術；另外，整個社會缺乏那種真正的公民理想。

西元三世紀，羅馬帝國不能依靠共和國時期的公民理想振奮人心，啟動社會的活力，這主要是由於連年的戰爭和沉重的賦稅負擔造成的。地區之間的分歧、公共教育的缺乏以及社會的分層，也進一步阻礙了任何統一的公益精神的形成。羅馬帝國是伴隨著人們的普遍冷漠而走向歷史的盡頭的。

別的歷史學家劍走偏鋒，就某一方面，盡情發揮。

一九一七年，埃爾沃斯．亨廷頓在《經濟季刊》上發表《氣候變化和農業衰落是羅馬帝國衰亡的原因》一文，他更多關注氣候變化對人們生活的影響方面。他說，美國加里福尼亞地區有一種樹齡達到三千多年甚至四千年的紅杉樹，這種紅杉樹有一個特點，就是每一年都長出一個年輪，根據年輪數可以推斷樹齡，而且這種樹的年輪紋理之間的距離，是隨著氣候的變化而變化的。氣候有利時，也就是降水量大的年份，年輪紋理間距比較大，反之則較小。所以根據紅杉樹的年輪紋理的間距，可以推斷出該地區降水量的歷史。

亨廷頓認為，加里福尼亞地區的降水歷史與羅馬統治時期地中海地區的降水大體一致。基於紅杉樹的特點和兩地降水歷史大致相同的假設，所以亨廷頓認為，羅馬帝國的衰亡是由於西元四、五、六世紀降水量不足而造成的。

美國約翰·霍普金斯大學教授鄧尼·弗蘭克則從另一個角度來探討羅馬帝國的衰亡。通過仔細研究許多拉丁文墓誌銘，他發現這些墓誌銘上的奴隸多是希臘人的姓名。因此，他斷言，羅馬和拉丁西部遇到希臘和東方奴隸的入侵——由於這些都是被釋放的奴隸，所以他們都取得了羅馬的公民權，羅馬公民的成分發生了變化。通過對一萬三千九百個墓誌銘的研究，他推斷羅馬城中近百分之九十羅馬出生的居民是外族血統，曾經建立羅馬帝國的羅馬人現在讓位於外來種族。正因如此，羅馬從元首制過渡到君主制，這是專制主義的勝利，東方宗教的傳播，拉丁文學的衰落，曾經建立帝國的人治理國家的天賦不斷降低。

考古學家們也不甘寂寞，他們推測羅馬帝國是因瘧疾而亡的。英美考古學家最近從

一處古羅馬墳墓中發掘出來的小童骸骨中，發現了曾遭瘧疾感染的基因證據，他們據此認爲，羅馬帝國可能因瘧疾猖獗而衰亡。

這次發掘的古墓是位於義大利羅馬以北一一二公里處的魯那諾鎮附近的一座嬰兒墳墓，年代約爲西元四五〇年。英國曼徹斯特理工大學的研究人員首次利用新科技研究這個古代瘧疾個案，他們從這具三歲幼兒骸骨的腿骨中仔細分離出基因樣本，發現它和另外一個感染瘧原蟲的樣本有百分之九十八相似。研究人員表示，由於兩次獨立分析的結果完全一致，因此他們認爲，該名三歲幼兒是因爲感染瘧原蟲喪命的。

科學家們則提到了環境問題，希望借此來警示當代。科學家們認爲，羅馬帝國是鉛污染的犧牲品，因爲在古羅馬人的遺骸中含有大量的鉛。科學家們這樣說不無道理，羅馬貴族慣用鉛製器皿，如瓶、杯、壺等以及含鉛化合物的化妝品，從而導致慢性中毒死亡。

羅馬帝國的平民雖說不能享用高級鉛器皿，又不使用化妝品，但羅馬人曾經擁有古代人類最先進的給、排水系統，而當時用於輸送飲水的管道是用鉛做的。一方面，鉛離子會直接進入人體；另一方面，古羅馬人的飲水中富含二氧化碳，它與鉛反應生成可溶於水的碳酸鉛，進入人體與骨骼中的鈣發生置換反應，從而引起慢性疾病。

還有更離奇的。有人認爲導致羅馬帝國滅亡的原因之一，竟是葡萄酒！

原來，羅馬帝國征服古希臘以後，就將希臘的葡萄品種連同釀造技術帶到歐洲腹地，嗜好葡萄也成爲羅馬貴族元老院的時髦風氣。羅馬人更喜歡飲用甜葡萄酒，是因爲釀造過程中添加氧化鉛之類的增加「甜味」的物質。這種自羅馬時代一直沿用了近三百年的釀造方法，造成成千上萬難以計數的羅馬人的鉛中毒死亡，並引發了數次流行大瘟疫。

當時並沒有人意識到斷送無數人生命的，竟是這種加鉛的甜葡萄酒，而當他們終於有所意識時，悲劇已經釀成。被希臘人譽之爲果實之神和喜悅之神的葡萄酒，竟以恐怖的玫瑰色毀滅了強大的羅馬帝國。

……

古羅馬在歷史上的影響太深遠了，這樣一個超級大帝國將吸引我們不斷地關注下去，我們試目以待。

英年早逝的大帝

亞歷山大死亡秘事

亞歷山大大帝（西元前三五六年～三二三年），腓力普二世之子。他最偉大的成就，是征服希臘的宿敵：波斯，也是史上第一個創建橫跨歐、亞、非三個大陸帝國的霸主。卻在三十三歲時英年早逝，留下許多傳言。

亞歷山大在他三十三歲那年，率領軍隊抵達巴比倫城下。此時的亞歷山大志滿意得，橫跨歐亞非三大洲的大帝國已赫然樹立於世人面前，眼前的巴比倫城也將是囊中取物、志在必得，想到這裏，亞歷山大嘴角露出一絲微笑。

他轉身詢問掌握神職的帝國大祭司，巴比倫一戰大概在多久時間之內就可結束，大祭司眉頭緊皺，欲言又止。亞歷山大稍有不快，大祭司沉聲說道：「國王，攻城恐怕不祥。」

亞歷山大聽說此言，心情立即變得煩躁不安，因爲他平時極爲信任祭司的預言。亞歷山大隨即命令大軍放棄攻打，繞城前行。

但沒想到巴比倫城周圍是一片很大的沼澤地，大軍無法繞行。無奈之下，馬其頓軍隊很快攻入城中，亞歷山大坐臥不安，精神抑鬱，夜間做夢也有不祥之跡。果然，第二天，馬其頓軍中一片沉寂，亞歷山大大帝臥病不起。十天之後，軍隊回撤故土。國王病死了。

亞歷山大的突然離世，讓很多人難以理解，他正在建立著不朽的功業，英名正盛，而且年富力強，登基即位才僅僅十三年，爲此，關於亞歷山大的死亡眾說紛紜，各執一詞，至今也沒有一個令人信服的說法。

許多人認爲，亞歷山大死於惡性瘧疾。一位名叫富勒的美國將軍在他的《亞歷山大新傳》中對這種說法做了精彩的解釋。他的書中這樣寫道：

「可能是因爲他（亞歷山大）長期在沼澤地與野蠻人作戰染上了惡性瘧疾，於六月十三日，他永遠地閉上了眼睛。他既未留下遺囑，也未指定繼承人。」

還有一些人懷疑亞歷山大生病是由於飲酒過度引起身體發病，然後一病不起，終於辭

世。

一個叫大牟田章的日本人對此有很生動詳細的描寫：

「夜色已殘，醉意更深，亞歷山大準備回房休息了，可是又禁不住密迪亞斯的誘惑，繼續飲酒作樂。他整夜狂飲，第二天又喝了一整天的酒，到了六月一日，他發覺自己患上了熱病。……亞歷山大被遷往河對岸的王宮，但熱度仍然未退，過了八天之後，病情越來越重，終於惡化，此時的亞歷山大已不能說話，他身邊的大臣及士兵們都圍在他身邊和他作最後的告別。看著昔日出生入死的戰友，他已經不能說什麼，只用眼睛向他們示意，在日落時分，這位巨人留下一句『給最強大的人』後，便閉上了他智慧的眼睛，留給這個世界的是戰爭和災難。」

更有一種小說家言，認爲亞歷山大的死並不那麼簡單，至少是謀殺。

最早提及這一點的，是離亞歷山大生活時代最近的古希臘人阿里安。他在名叫《亞歷山大遠征記》的一本書中指出，亞歷山大在死前大量飲酒連日沉醉之後，部將安提派特曾送給亞歷山大一副藥，亞歷山大吃藥之後死去，還說，這副藥是亞歷山大的老師亞里斯多德給安提派特配的，藥是盛在一個騾蹄殼內，由安提派特的兒子卡山德送到亞歷山大那裏去的。

阿里安的說法有鼻子有眼，而且距離亞歷山大的時代最近，因此後來許多人據此大加

發揮，加入了許多戲劇性的因素，亞歷山大的死也就越來越複雜了。

亞歷山大雖然英年早逝，但他以僅僅十數年的時間就建立了赫赫的江山業績，後代的帝王無不對他表示出十足的敬意。當羅馬軍隊開進亞歷山大城時，凱撒大帝立即拜謁了亞歷山大之墓；奧古斯都也曾親自給亞歷山大塑像佩戴一頂金質桂冠。

後來亞歷山大的墓地莫名其妙消失，不知是敬重他的人為了保護亞歷山大死後不被敵人破壞他的陵墓而悄悄轉移了，還是被那些嫉恨他功業的君主們破壞掉了。二十世紀以來，考古學家們給出許多關於陵墓形狀的設想，希臘人斯拉特認為陵墓就在馬其頓皇宮之中，而且具體位置就在兩條皇宮主街道的十字中心；波蘭人麗亞貝爾描寫出了亞歷山大陵寢的的形狀，他認為是圓錐形的，且氣勢雄偉；英國人維斯則認為亞歷山大陵墓必定是安放在一座輝煌的廟宇中，因為亞歷山大生前很是信奉神靈會給他未來的預言。

如此種種，關於亞歷山大的陵墓的猜想和實際的考古成果，還將持續給我們更多的驚喜。

亞歷山大死後，馬其頓帝國很快就衰落了，亞歷山大昔日的三個部將將整個帝國瓜分殆盡，彼此間各據一隅，苟安一世，再沒有了亞歷山大在世時那種打通各大洲文明的雄心壯志。

不過，由於亞歷山大生前的不斷努力，歐亞非各洲間的交往和溝通逐漸多了起來，東西方文明在碰撞中，彼此學習競爭，再次尋求著亞歷山大似的夢……

據說亞歷山大出生時，有一座女神殿失火焚毀，附近人心惶惶，幾個占卜師都說是大災難來臨的前兆，此時有一人卻說：「女神殿的焚毀日，已有一個男孩在同日誕生，此子以後將會滅亡全亞洲。」

亞歷山大從小興趣廣泛又聰明勇敢，十二歲時，曾馴服過別的騎手都不能駕馭的烈馬。其父腓力普二世便感嘆道：「我兒，征服屬於你的領土吧，馬其頓對你來說實在太小了！」

他十三歲時，他的父親為他聘請了當時希臘最博學的人：亞里斯多德作家庭教師，學習哲學、醫學、科學等各方面的知識。腓力普二世還讓亞歷山大接受有系統的軍事訓練，練就他強健的體魄與氣質。

陳橋兵變披皇袍

宋太祖「斧聲燭影」秘事

宋太祖趙匡胤（九二七～九七六），宋朝開國君主，涿州人。後周時任殿前都點檢，武藝高強，領宋州歸德軍節度使，掌握兵權。後發動陳橋兵變，即帝位，國號宋，結束五代擾攘的局面。

趙匡胤，祖籍涿郡，出身於一個軍人世家。父弘殷，任後唐禁軍飛捷指揮使，長期駐軍洛陽，所以趙匡胤出生地是洛陽夾馬營。

母杜氏生五子。匡胤排行第二。唐朝滅亡以後，中國的歷史進入五代十國的混亂時期。後周世宗時，他以軍功升任殿前都點檢領歸德軍節度使，掌握了軍事大權。

周世宗死後，七歲的恭帝柴宗訓繼位。正當此時，鎮州、定州傳出契丹入侵的消息。朝廷便緊急派出趙匡胤出兵，此時，民間謠傳「點檢爲天子」。當時有這樣一個傳說，趙匡胤率著大軍到陳橋驛，暮色漸起，日影微昏，指揮使苗訓獨在營外立著，仰望雲氣。別人問他「你在此望什麼？」苗訓便用手西指道：「你不見太陽下面，還有一個太陽麼？」果然見日下有日，互相摩蕩，熔成一片黑光。

既而一日沉沒，一日獨現出陽光，大家很是驚異，問苗訓：「這是吉是凶？」苗訓道：「這大概是天命，先沒的日光，應驗在周，後現的日光，是應驗在點檢身上了。」意思是趙匡胤爲天子的預兆。頓時一傳十，十傳百，軍中都詫爲異徵。

根據宋史的記載：當趙匡胤率軍到達陳橋驛，喝了幾杯酒，睡著了，到了黎明時分，他麾下的幾位部將前來叩寢室的門，齊逼匡胤寢所，爭呼萬歲。對趙匡胤道：「諸將無主，願奉太尉爲天子。」然後二話不說將黃袍往趙匡胤身上一披。眾將校一律下拜，三呼萬歲。就這樣，他藉「陳橋兵變」取得帝位，因歸德軍爲古宋國的疆域，又是宋州，趙匡胤就以宋爲國號，建立宋朝，定都開封，時僅三十三歲。

宋太祖當了皇帝後，首先將後周不服的將領鎮壓下去，將內部鞏固之後，再來便是進行全國統一的大計，五代時期有十國並立。宋朝建立時，南方依舊有荊南、後蜀、南唐、南漢、吳越、北漢等國。太祖即位後，開始平定南方各國，結束五代十國紛擾局面。

趙匡胤自從陳橋兵變，一舉奪得政權之後，卻耽心從此之後他的部下也效仿之，想解除手下一些大將的兵權。北宋丁謂的《丁晉公談錄》記述了趙匡胤與趙普關於此事的一段對話。趙普對趙匡胤說，禁軍統帥石守信、王審琦兵權太重，「皆不可令主兵」。趙匡胤聽後不以爲然，認爲石、王這兩位老將是自己多年的老朋友，絕不會反對自己。趙普則說石、王這兩位老將缺乏統帥才能，日後肯定制伏不了部下，後果將不堪設想。

趙普終於說服了宋太祖，罷了兩人的兵權。

西元九六一年秋的一個晚上，宋太祖在宮中舉行宴會，安排酒宴，召集禁軍將領石守信、王審琦等飲酒。待酒酣耳熱，宋太祖摒退左右說道：「天子不易作，殊不知爲節度使之樂，朕終夕未嘗安枕而臥也！」

石守信等頓首道：「陛下何爲出此言，今天命已定，誰敢復有異心？」

太祖道：「卿等固然如此，其如麾下欲富貴何？一旦有以黃袍加汝身，汝雖欲不爲，其可得乎？」

石守信等泣謝道：「臣等愚不及此，惟陛下哀憐之！」

宋太祖道：「人生如白駒過隙，能有幾何？所以圖謀富貴，不過爲了多積金錢，厚自娛樂，使子孫不虞貧乏。卿等何不釋去兵權，出守大藩，多買美好田宅，爲子孫置不動之產，多置歌兒舞女，日夕歡樂，以終天年，朕可與卿等約爲婚姻，使君臣之間兩無猜疑，

上下相安，不亦喜乎！」

守信等叩首謝道：「陛下爲臣等體念至此，所謂生死人而肉白骨也。」石守信等人嚇得滿頭大汗，連連磕頭，第二天就說自己年老多病請求辭職。宋太祖馬上同意了，給他們一大筆財物，收回了他們的兵權。歷史上把這件事稱爲「杯酒釋兵權」。

在九六九年，又召集節度使王彥超待宴飲，解除了他們的藩鎮兵權。

宋太祖的做法後來一直爲其後輩沿用，主要是爲了防止兵變，但這樣一來，兵不知將，將不知兵，能調動軍隊的不能直接帶兵，能直接帶兵的又不能調動軍隊，雖然成功地防止了軍隊的政變，但卻削弱了部隊的作戰能力。以至宋朝在與遼、金、西夏的戰爭中，連連敗北。

開寶九年十月二十日，趙匡胤在京城皇宮的萬歲殿中死去，年五十歲。葬永昌陵。在位十七年（九六〇～九七六），廟號「太祖」。

第二天，他的弟弟趙匡義繼承了皇位，即歷史上的宋太宗。受命杜太后，傳位太宗。對於宋太祖的死，官修的宋史均是語焉不詳，原因恐怕是自宋太宗趙匡義以後，北宋皇帝均是由太宗一支人繼承有關。《宋史太祖本紀》上只有一段簡略的記載：「癸丑夕，帝崩於萬歲殿，年五十，殯於殿西階。」「受命於杜太后，傳位於太宗。」這些人既不願說清事實，又不好胡編歷史，最妙的辦法就是繞過去。

他臨終傳弟而不傳子，其去世及傳位在歷史上乃是一個「千古之謎」。對於這一宮闈秘辛，歷來眾說紛紜，主要有以下幾種：

一、**病死**。《宋史》上說，宋太祖死時留下遺詔，遵照母親杜太后傳位給弟弟的遺言，要其弟趙匡義繼位，並要求匡義縮短服喪的三年之期：「以日易月」，三天之後就可以上朝處理政事了。

二、**燭影斧聲**。文瑩是宋朝初年的一個關心時政的和尚，專門收集宋初至仁宗時期的朝野軼事，他在《續湘山野錄》中記述道：

他獨坐宮中太清湖畔，細觀夜色，只見星光璀燦，和風微至，寧靜清幽。趙匡胤暗自歡喜。誰知不久，陰雲陡起，狂風怒號，天地驟變，紛飛的雪片夾著雹霰溫天落下，宋太祖趙匡胤心中不悅，傳旨召弟弟開封尹趙匡義入寢宮相見。後來，太祖瞪著兩眼，似乎有什麼話要說，匡義就叫宦官、宮女盡行避去，兩人酌酒低語，誰也聽不到在說什麼。

當時宮人從窗外透過窗紙「遙見燭影下，太宗時或避席有不勝狀」，匡義時時離席，好像喝醉了酒的樣子。又見皇帝手持大斧㯶㯶拄地，大聲說：「好做！好做！」隨後就倒臥床上，「鼻息如雷霆」。匡義當晚陪宿屋內。天將黎明時，萬籟俱寂，忽聽有人報說：「皇帝晏駕了。」匡義接受了遺詔，在靈柩前即了帝位。

可能這段傳聞在宋代流行很廣，因而李燾《續資治通鑑長編》雖認爲這一傳聞「未必然」，但也不得不摘錄在書中，留待他人詳考。

這一段文字出現的很早，主觀成分也似乎較少，然而卻留下了許多疑團：趙匡義不可在宮裏睡覺，卻居然在宮裏睡覺；宦官、宮女不應該離開皇帝，卻居然全數離開，忙亂的人影，奇怪的斧聲，以及趙匡胤含義不明的「好做、好做」的呼喊……無異於告訴了人們，這是一場事先策劃的血腥謀殺。

關於此「燭影搖紅」一案，見宋人李燾的《續資治通鑑長編》。後世或疑此乃弟弒兄之舉，因無確證，遂成「燭影斧聲，千古之謎」。

司馬光在《涑水紀聞》裏這樣說：太祖去世的時候，已經四鼓，皇后宋氏在旁。宋皇后叫內侍都知王繼恩把四子德芳叫來，趕快入宮，準備繼位。誰知王繼恩卻去到開封府找趙匡義。匡義大驚，猶豫不決，王繼恩說：「再猶豫，皇位就是別人的了！」於是兩人一道踏著積雪步行到宮門，宋后問：「是德芳來了嗎？」王繼恩說：「晉王來了。」宋皇后見不是德芳，驚得半晌說不出話，停了好一陣子，才「噓呼曰：吾母子性命，皆任於官家。」

官家，是宋朝宮廷內對皇帝的稱呼。宋后女流，見無回天之力，只得向他口呼「官家」了。

晉王也流著眼淚說：「我們共保富貴，你不要擔心。」據此，太祖死時，太宗並不在寢殿，因而不可能弒兄。明代著名學者李贄續史至此，批註說：「此言胡爲乎來哉？」司馬光掩蓋了匡義殺兄的血腥罪行，但認爲他無法開脫搶先奪位的嫌疑。雖又把篡奪皇位的主動權強加在一個高級太監身上，但是，也並不否認篡位的基本事實。

「金匱之盟」的傳說則爲趙匡義繼承皇位作了「合理」的注解。趙匡義以皇弟的身分繼承兄長的帝位。據說，是根據「金匱之盟」。趙匡胤的母親杜氏共生子五，長匡濟，次匡胤，三子匡義，四子匡美，五子匡贊，長子、五子早亡。杜太后臨終的時候，召他與趙普入侍。杜太后問匡胤爲何能得到天下？太祖不能對，她說：「你之所以能夠取得天下，是柴氏傳位給幼兒坐天下的緣故。倘若後周有年紀大一點的儲君可即位，你怎麼能有今天的皇位呢？因此，你百歲以後，應當傳位於光義，光義傳位於光美，光美傳位給德昭。唯其如此，以四海之大，能立年長者爲君，才真正是國家的福呢！」

太祖泣曰「敢不如教！」杜太后回頭對趙普說：「你和吾兒同記此言，不可違也。」趙普隨即在杜太后病床前筆錄誓書，並於誓書紙卷上署下「臣普記」三字。寫下誓書，放在金匱之中，命宮人嚴密掌管，史稱「金匱之盟」。

由於遺詔中有依次指定三個繼承人的內容，故現代宋史學界又稱此爲「三傳約」。也就是趙匡義「兄死弟及」的合法根據。

但後世史家對此多表懷疑，原因如下：

（一）開寶九年太祖去世時，太宗已經三十八歲，太祖次子德昭也已經廿五歲，第四子德芳已十八歲，太祖就是傳位於子，也稱得上是「立長君」。況且太后去世的時候，趙匡胤還只有三十四歲，正值壯年，這時，趙匡胤的兒子德昭已經十四歲了，轉眼就是大人了，即使是趙匡胤三五年後去世，也不會出現後周柴世宗遺下七歲孤兒的群龍無首的局面，以杜太后之賢明，絕不會出此有悖綱常的下策。

（二）從常理可知，如果太祖趙匡胤想傳立弟弟，在當時完全可以光明正大地公諸朝堂，沒有任何阻礙，何必弄得這樣鬼鬼祟祟。其次，若「金匱之盟」早已訂好，何必要等趙匡義即位後眾論譁然後的五六年後才弄出來。他才如夢初醒地記起了這件似乎被遺忘的舊事，並且煞有介事的列舉證人，公佈誓約，人們不得不懷疑，這所謂的「誓約」，是不是為了內部鬥爭的需要而臨時炮製出來的鬼話。

《宋史》對太宗趙匡義推崇備至，但也以後人議論為由，提出了一些委婉的指責，話雖是輕描淡寫，但落點都是很重的。《太宗本紀》中說：「若夫太祖之崩不逾年而改元，涪陵縣公之貶死，武功王之自殺，宋后之不成喪，則後世不能無議焉。」

換成白話來說，後代的人對趙匡義有以下四點非議：

（一）趙匡義不照嗣統繼位次年改元的慣例，急急忙忙將只剩兩個月的開寶九年改爲太平興國元年。爲什麼不等到第二年就改換年號。親君即位，常例是次年改用新年號紀年，是不是心懷鬼胎，搶先爲自己「正名」，以期造成不可逆轉的既成事實？

（二）既然杜太后有「皇位傳弟」的遺詔，下一輪的皇位繼承人就應該是這位叫做光美的弟弟了，太宗爲何要一再迫害自己的弟弟趙延美，使他鬱鬱而死？可是匡義即位不久，這位因避諱改名爲廷美的弟弟，就不明不白地被削奪王位，貶爲涪陵縣公，不久，就「抑鬱」而死。

（三）太宗以不明不白的手段奪得皇位後，疑忌之心特重，對他人時時戒備，不惜採取殘酷打擊的手段。太宗即位後，太祖的次子武功郡王趙德昭爲何自殺？——匡義篡位的時候，匡胤的長子德昭已經三十歲，當時被封爲武功郡王。

征討北漢之後，德昭好意地勸太宗信守諾言，獎勵出征的有功將士，可匡義把臉一沉，居然說：「等你自己當了皇帝，再賞也不遲。」德昭感到自己受到深刻的猜忌和防範，性命早晚難保，回家後就自刎而死，這種行徑，無異於逼殺。

太平興國七年四月，以謀反罪一貶再貶皇弟廷美，並將其逼死在貶所；又因此逼瘋兒子元佐。一年之後，匡胤年僅廿三歲的幼子德芳，也神秘地暴病身亡。人們只可能得出這樣的結論：宋后的擔心不幸而言中，趙匡義斬草除根，終於消除了皇位競爭中的最後的隱

患。

（四）太宗曾加封皇嫂宋后為「開寶皇后」，但她死後，為什麼不按皇后的禮儀治喪？

還有一種說法，是趙匡胤的死與花蕊夫人有關。據《燼餘錄》記載，五代時，後蜀皇帝孟昶的寵妃花蕊夫人生得沉魚落雁，豔麗無雙，不但工顰解媚，並且善繪能詩。宋滅後蜀，花蕊夫人被俘至汴京。一見之下，太祖不禁心猿意馬，幾乎忘寢廢餐。六宮雖有妃嬪，都不過尋常姿色。無奈花蕊夫人有夫，未便強奪。

一天晚上，太祖召孟昶入宴，飲酒至夜半，孟昶告歸，第二天死去。太祖便佔有了花蕊夫人，並冊封為妃。這個美麗的妃子，既精通音律，又擅長詩文，曾模仿王建作宮詞百首，傳誦一時，所以宋太祖非常寵愛。趙匡義也早為花蕊夫人的美麗所傾倒。

太開寶九年，趙匡胤病重臥床。趙匡義入宮侍候兄長，夜深人靜時，他直趁匡胤昏迷之際走近花蕊挑逗。誰知這時匡胤醒來，發覺此事。一怒之下，抓起床邊的玉斧朝匡義擲過去，卻砸在地上。聽見響聲，皇后和太子都趕了過來，見趙匡胤躺倒床上，只剩下奄奄一息了。第二天清晨死去。

匡義參與陳橋兵變、接掌禁軍、繼兄登位，趙普則參與陳橋兵變、金匱之盟及杯酒釋兵權等之預謀。匡義為人陰鷙，其兄暴斃，他涉嫌已深，而他登位之後，又用一連串奸酷行徑使「金匱之盟」到自己而止。

本來太宗未即位時爲開封尹，及即位乃以其弟光美代爲開封尹，封齊王，封太祖子德昭爲武功郡王、德芳爲興元尹。但不久，太祖諸子及光美或罷或流而一一死去，後來太宗遂傳立於子。據《宋史》卷二四四載，「太宗嘗以傳國之意訪之趙普，普曰：太祖已誤，陛下豈容再誤邪！於是廷美遂得罪。」所以宋朝除趙匡胤外，從北宋太宗到南宋高宗，都是趙匡義的嫡系，至宋高宗斷子絕孫，才傳給宋太祖的七世孫，即南宋孝宗。

後人非議，條條在理，但因爲謀殺畢竟無人作證，非議永遠只是非議，「斧聲燭影」或許將永遠是千古之謎。

宋太祖暴死，五六年內兩個兒子也不明不白地喪生，在民間激起了強烈的回響。許許多多有關宋太祖暴死的神秘故事也通過各種管道廣泛流傳。

到了靖康年間，金人鐵蹄踏遍中原，河山淪落，欽、徽二帝被擄，一個頗有影響的說法是，宋太祖借了金太宗完顏晟之手，報了當日的刀斧之仇。

奇怪的是，趙匡義的子孫後代也似乎相信他們的老祖宗殺兄篡位的說法。

南宋的第一個君主宋高宗趙構沒有兒子，在皇位繼承問題上，大臣們議論紛紛，一種強有力的意見是：太祖是宋朝創建者，可以在他的後代中選擇繼承皇位。對這種言辭，高宗開始往往是嚴加貶責，但是，突然有一天，他改變了主意。據說，他做了一個奇怪的

夢，開國君主趙匡胤帶著他，逆轉時光，回到當日的「萬歲殿」，看到了當日「斧聲燭影」的全部情景，並且說：「你只有把王位傳給我的子孫，國勢才可能有一線轉機。」

傳說也許是假，但傳位宋太祖的後代卻是真。高宗趙構或許是因爲徽欽二帝的遭遇、或許是因爲知道宋朝不會長久，終於找到了宋太祖的七世孫趙慎，並且把皇位傳給了他。而這一切，距離「斧聲燭影」的恐怖之夜，已近兩百年。

宋太祖是一個十分專權的皇帝，每天早晨，文武大臣都需輪流彙報自己的工作，接著退到殿外。走在最後的是宰相范質。當范質快要走出殿門時，宋太祖突然傳話，請他稍稍留步，說有要事與他商量。於是范質轉過身走回到殿上，重新坐到自己的宰相之座。原來，在中國古代，宰相的地位是很高的，可以和皇帝坐著說話。范質坐下後，宋太祖遞給他一份大臣彙報的奏摺，范質接過奏摺仔細地看了起來，這時，宋太祖從龍椅上站了起來，向後宮走去。

范質看完奏摺後，心裡已經想好解決的方法，可是，卻左等右等也不見皇帝出來，范質實在等不住了，就起身去找皇帝。這時，宋太祖走了出來，范質連忙坐下，可是回頭一看，椅子卻沒有了，原來，身邊侍衛趁范質起身不注意時，悄悄把椅子拿走了。范質無法，只得站著和宋太祖說話。

以後在上朝時，宰相也和其他大臣一樣，只能站著和皇帝說話，這一制度後來被各朝所沿用，這說明了宋太祖專政、獨攬大權的一面。

目光高遠的選擇

元太宗即位秘事

元太宗（一一八六～一二四一）窩闊台，成吉思汗第三子。其性情內斂，城府幽深，處世寬容，因之被父選為即汗位人。即大汗位後，重用耶律楚材，滅金，一二三六年更是將拔都派出西征，遠至歐洲中部。其注重經濟，採納「漢法」，令大汗國逐漸興盛、強大。

元太祖鐵木真出身於蒙古部孛兒只斤族貴族，幼年喪父，家境困苦，但他發奮圖強，彙集群英，使家業重振。於一二〇〇至一二〇六年間，戰勝了塔塔兒、克烈、乃蠻諸部，統一了蒙古主要部落。

開禧二年，蒙古各部在斡難河畔舉行「忽里勒台」，他被擁立為大汗，號成吉思汗，建立蒙古汗國，並制定了軍事、政治、法律等制度，創制蒙古文字，促進了蒙古社會經濟、文化的發展。在一二一八至一二二三年間，進行了第一次西征，佔領了中亞細亞和南俄羅斯草原，建立了一個以和林（今蒙古人民共和國烏蘭巴托西南）為中心橫跨歐亞的大汗國。

一二〇五至一二〇九年，曾三次進軍西夏，迫使西夏納貢乞降。從嘉定四年開始向金進兵，於嘉定八年攻佔金朝中都（今北京）。他一生「滅國四十」，是一個有著豐功偉績、叱吒風雲的一代英豪。

成吉思汗的長妻孛兒帖共生了四個兒子：長子術赤、次子察合台、三子窩闊台、四子拖雷。成吉思汗讓術赤管狩獵，察合台掌法令，窩闊台主朝政，拖雷統軍隊。他們都為蒙古帝國的奠基立下了汗馬功勞，猶如帝國的四根台柱。

蒙古自古流傳著幼子有優先繼承權的習慣。長妻所生的幼子，蒙古語叫斡惕赤斤，意為「守護灶之主」，是留守家業者，而他的兄長們則要到外面另立爐灶。成吉思汗克制了自己對小兒子拖雷的寵愛之情，打破蒙古的舊傳統，讓三子窩闊台為儲君。歷史的發展表明了他選擇的繼承人沒有辜負他的期望，也證明了他的遠見卓識。

成吉思汗為什麼要選窩闊台為儲君呢？

成吉思汗雖然以攻城掠地使蒙古帝國初具規模，但他深謀遠慮，清醒地認識到他的繼承人不單要有軍事家的本領，更要有政治家的才能，這樣，才能鞏固和發展他開創的大業，並且使江山永固。他逐一分析了自己四個兒子的才能和特長，認爲窩闊台比其他三子都高出一格，認爲窩闊台意志堅定，忠厚崇仁，舉事穩健，能擔負起治國安邦的重任。心裏早有了打算。所以，當嘉定十二年，成吉思汗揮師西征前，他便召集了諸子及胞弟，議定窩闊台爲汗位繼承人。

此後，成吉思汗率四個兒子，分四路大軍踏上了討伐花剌子模國的征程。歷時六年，凱旋而歸。

寶慶元年，成吉思汗指責西夏國主違約，再次親率大軍征討西夏。次年六月，西夏國主李睍派兵迎戰，結果被擊潰，只好遣使投降。成吉思汗遂揮師南下，渡過黃河，將兵鋒直指全國。經積石州，臨洮路，一直攻下京兆（今西安）。

寶慶三年七月，成吉思汗身患重病，一臥不起。他自知死期臨近，便招諸子於枕邊。叮囑兄弟之間要和睦相處，精誠團結，並重申：「如果你們希望舒服自在地了此一生，享有君權和財富的果實，那麼，有如我在不久以前已經讓你們知悉的那樣，窩闊台將繼承我的汗位，我要把帝國的鑰匙放在他的英勇才智的手中。」

按照封建制度，帝王駕崩後，應立即由他指定的繼承人登基。但是，由於蒙古的「忽里勒台制」（部落議事會制度）仍起作用，窩闊台暫不能因其父的遺命即位，而要等忽里勒台的最後決定。在王位空缺的兩年內，由拖雷監攝國政。

到了忽里勒台推選新大汗的時候，爲此整整爭議了四十天。此時，術赤已死，察合台全力支持窩闊台，只有宮廷內的少數人主張讓拖雷即位。拖雷無奈，只得擁立窩闊台。經過與會貴族的再三勸進，窩闊台終於答應繼承汗位。是爲元太宗。

成吉思汗父親為其乞顏部酋長也速該。其名字「鐵木真」之由來，乃是因為在他出生時，乞顏部正好俘虜到一位屬於敵對部族，名為鐵木真·兀格的勇士。按當時蒙古人信仰，在抓到敵對部落勇士時，如正好有嬰兒出生，該勇士的勇氣會轉移到該嬰兒身上。成吉思汗「鐵木真」之名遂因此而來。

王位繼承的犧牲品

愛德華五世死亡秘事

愛德華五世（一四七〇～一四八三），英格蘭國王。愛德華五世是愛德華四世的長子，其父死後繼位為英格蘭國王，但兩個月後就被他的叔父攝政王廢黜。退位後不久，愛德華五世就和他唯一的弟弟約克公爵一起神秘失蹤。

愛德華五世是愛德華四世之子，是約克王朝的第二位國王，但他只當了三個月的國王，便突然消失了。他爲什麼會突然失蹤？他是死是活？如果是死了，屍體在哪兒？爲什麼有人要害他……

現在讓我們循著他父親的創業路來追述一下這段歷史，以探討他的突然失蹤之謎。

愛德華四世是約克王朝的第一位國王。約克家族的先祖是第三代邊地伯爵莫蒂默。莫蒂默與愛德華三世的孫女菲麗帕結婚，其後他們的孫女與劍橋伯爵結婚，生下約克公爵理查，也就是愛德華四世的父親。這也就是說，從血統上來說，前頭的蘭開斯特王朝仍屬金雀花王朝，約克王朝則不是了。

一四五九年，公爵理查在路德洛被被擊潰後，退居愛爾蘭。愛德華當時三十八歲，與瓦立克伯爵內維爾逃往加萊。次年七月返回英國，一舉打敗國王軍，俘虜了亨利六世。一四六一年三月一日，一個小型議會和瓦立克決定擁立愛德華為國王。他三天後即位，廿九日在陶頓一戰大顯身手，鞏固了自己的地位。六月廿八日舉行了加冕典禮，正式成為愛德華四世。

當政初期，朝政由瓦立克伯爵內維爾操縱，愛德華四世形同傀儡。瓦立克出於政治上的考慮，願意讓他與法國王室聯姻，但被愛德華所拒。他秘密地娶了一個蘭開斯特派的騎士的遺孀伊莉莎白．伍德維爾，顯示出要自己當家作主的意願。隨即愛德華四世與伍德維爾的兄弟姐妹組成了一個集團，對抗內維爾集團。

經過一番策劃、準備，他宣布內維爾為叛徒。在法國國王路易十一的慫恿下，內維爾決定倒戈，從法國入侵英國，擁立亨利六世復辟，愛德華四世開始了尼德蘭的流亡生活。

愛德華五世一四七〇年十一月二日出生於其父流亡在尼德蘭的威斯敏斯特。一四七一年六月，愛德華四世擊敗敵人，重登王位，封小愛德華爲威爾斯親王。兩年後，小愛德華王子和他的母親一起被送到威爾斯的什羅普郡拉德格，以便在名義上統治威爾斯。

一四八三年四月九日，愛德華四世暴卒，留下二子一女，即只有十二歲的愛德華王子、十歲的弟弟約克公爵理查以及妹妹伊莉莎白。三個孩子都在其叔叔格洛斯公爵理查的監護之下成長的。同時理查還監管朝政，是事實上的攝政王。小國王母親的外家——伍德維爾一家也想通過控制愛德華五世來掌握國家朝政，於是和格洛斯特公爵發生矛盾，理查逮捕並處決了幾個伍德維爾家的人。爲了安全起見，兩個小王子被送到倫敦塔里的王室住所內，以等待加冕典禮。

但是這時，突然有人提出小王子愛德華王位的合法性有問題，原因出在他父母的婚姻上面。由於當年愛德華四世被放逐，他與妻子，即小王子的母親的婚姻是秘密進行的，在愛德華四世掌權時，滿朝文武誰都不敢說個是非，但樹倒猢猻散，在愛德華四世去世，小王子王位不穩的時候，有人乘機落石下井。理查一面下令要嚴查造謠者，一面指使上、下議院對愛德華繼位問題進行公決。他假惺惺地說，一切都是爲了皇室的純潔，但事實上，事態的發展都是他在背後搗鬼。

上、下議院聽從理查的安排，認爲愛德華五世作爲不合法婚姻後代無權做國王。六

月廿六日，愛德華五世還沒有加冕便宣告任期結束。他們的叔叔理查正式加冕，爲理查三世。愛德華五世只在一四八三年的四到六月間做了三個月名義上的國王，以後便和弟弟一起從他們經常玩耍的倫敦塔庭院內消失了。

小王子和他弟弟哪去了？在理查的統治下，人們有口難言，一直到將近兩百年後，兩具小孩的屍骨在倫敦塔內被發現，人們才知道兩位小王子是被害死的，但是被誰害的呢？

歷史學家普遍認爲是理查三世殺害了他的兩個侄子。根據亨利八世時代的莫爾大主教的說法，是理查三世派遣名叫格林的特使去找倫敦塔的衛戍長，令他處死小王子，遭到拒絕。又派詹姆士去執行這個使命，衛戍長不得不交出所有的鑰匙。當小王子熟睡時，兇手用枕頭把他們悶死。

但是有人對此提出疑問：既然理查三世已經登上王位，何必再去謀害他的侄子呢？更可懷疑的倒是繼位的亨利七世，因爲他也同樣有謀殺小王子的理由和動機。一四八五年奪得王位以前，亨利七世便與愛德華五世的妹妹伊莉莎白訂婚，以從親緣關係上接近王室，爲將來的繼位做鋪墊。但是若是愛德華五世的父母的婚姻爲非法，這種接近又有何意義呢？反過來說，如果愛德華四世的婚姻是合法的，那愛德華五世就是亨利七世成爲英國國王的最大障礙。

值得深思的是，亨利七世於理查三世死了一年以後，才宣布他是謀害小國王的兇手。

是否在這一年裏，小王子還活在世上？可是話又說回來，如果小王子在理查三世在位時還活著，理查三世爲什麼不讓小王子露面，以消除人們對他謀害親侄的懷疑呢？可惜的是，從倫敦塔內發現的屍骨還不能斷定其死亡的確切時間。也有人懷疑兇手可能是白金漢公爵斯塔福德，但又沒有確切證據。

總之，愛德華五世的不幸死亡現在看來還是一個謎。但也許正因爲浩翰的歷史長河中多了這一點偶然的浪花，才迎來了以後都鐸王朝及大英帝國的一切榮耀。蘭開斯特王朝最後的嫡系終於理查三世之手，而亨利·都鐸通過博斯沃思之戰擊敗並殺死了理查三世，成爲英格蘭國王，都鐸王朝的開國之君。

君主立憲制的開始

「進口」國王秘事

君主立憲制（Constitutional monarchy），亦即「共和式君主制」，是相對於君主獨裁制的一種國家體制。君主立憲是在保留君主制的前提下，通過立憲，樹立人民主權、限制君主權力，實現事務上的共和主義理想。其特點是國家元首是一位君主。但君主的權利與產生的方式，則依各個國家的制度而不同；縱使是同一個國家，往往在不同時期，君主的產生方式與權利範圍也各不相同。

「保護新教！」

「保護我們的財產和自由的議會！」

「信仰自由！」

「我們不要天主教！」

「國王詹姆士二世是暴君！」

一六八八年十月上旬，英國各個城鎮的主要街道和引人注目的地方，甚至在農村，突然出現了無數的標語、傳單和宣傳品，內容都是譴責國王，要求信仰自由、保護議會。這事在英格蘭還從來沒有過，一時間，人們議論紛紛，感到一定要發生什麼大事啦！

十一月初，英國西南部的托爾基海港突然開來幾百艘軍艦，接著，一萬多名士兵登陸，隨即向倫敦開去。人們一打聽，才知道是荷蘭的國王威廉，也就是英格蘭國王詹姆斯二世的女婿來了。

那麼，荷蘭的國王爲什麼要帶兵到英國來呢?這事還要先從護國主克倫威爾談起。

一六五八年九月，克倫威爾逝世。他的兒子理查．克倫威爾繼任護國主。理查是個庸碌無能之輩，那些高級軍官根本不聽他的，不到一年他就被迫辭職，國家政權落到了高級軍官集團手中，他們誰也不服誰，你爭我鬥，把國家搞得烏煙瘴氣，一片混亂。

克倫威爾死後，保王黨分子也活躍起來。

一六六〇年二月，保王黨分子、英國駐蘇格蘭軍隊司令蒙克率軍進駐倫敦。他一來，馬上派人到法國去請查理一世的兒子查理．斯圖亞特回來當國王。經過一番談判，這年四月，查理在荷蘭的布列達發表宣言，聲明：赦免參加過革命的人；保證宗教信仰自由；承認革命時期變動的土地產品。議會通過議案，宣布查理．斯圖亞特爲「英格蘭、蘇格蘭、愛爾蘭最強有力的和不容置疑的國王。」就這樣，斯圖亞特王朝復辟了。

查理二世一上臺，馬上翻了臉，把布列達宣言忘得乾乾淨淨，對革命進行了瘋狂地反攻倒算。他殘酷迫害過去的革命者，把凡是參加過審判查理一世的人都加以「弒君者」的罪名，判處重刑。活著的一律處死，死去的也不能放過，克倫威爾的屍體，從墳墓裏被挖了出來，吊在絞刑架上，然後又把頭砍掉，掛在審判查理一世的威斯敏斯特廳裏示眾。

由於查理二世流亡期間得到法國國王路易十四的庇護，所以，在國家大事上一概聽從路易十四的支配。他不顧國內人民的反對，把克倫威爾從西班牙人手中奪得的敦克爾克賣給法國。敦克爾克是重要商業港口。他這樣做的結果，使英國失去了在歐洲大陸的惟一立足點，對外貿易遭受了很大損失。

一六八五年，查理二世去世，他的弟弟詹姆士二世即位。詹姆士二世是個狂熱的天主教徒，他比查理二世更加反動。他一心一意想恢復天主教在英國的統治，恢復封建君主專制。

他任命天主教僧侶擔任國家職務；大批釋放天主教會，在宮廷裏舉行天主教的祈禱儀式；在牛津成立出版社，印發天主教的宣傳品。詹姆士二世這些措施嚴重損害了資產階級

和新貴族的利益，也遭到廣大人民的反對。

到了一六八八年，反抗詹姆士二世的運動在英國興起。人們拒絕參加採用天主教儀式的禮拜，一聽到美化和吹捧國王的宣傳時，便都馬上走開。詹姆士二世對不聽從他命令的主教實行殘酷迫害，把他們交給法庭審判。在資產階級新貴族和廣大人民的支持下，法官卻宣布遭國王迫害的主教無罪。雙方的衝突日益激烈，預示著可能會再來一次革命。

資產階級和新貴族決定發動一次政變，結束詹姆士二世的統治。他們開始同荷蘭國王威廉談判，要求他對英國進行武裝干涉。威廉是英王詹姆斯二世的女婿，他的妻子瑪麗是詹姆士的長女。由於詹姆士二世沒有兒子，她是王位的當然繼承人。

一六八八年六月十日，詹姆士二世的王后生了一個兒子，王位的繼承權發生了變化。三十日，英國議會向威廉發出邀請書，請他立即到英國來保護他們的自由。威廉立即同意。十月十日，威廉發表宣言，對英國人民的苦難處境深表「同情」，並聲明自己到英國的目的是爲了保護英國「新教、自由、財產及自由的議會」。

一六八八年十一月五日，威廉率六百艘軍艦和一萬五千名士兵，在英國西南部的托勻基海港登陸，隨即向倫敦進軍。威廉進入英國後，受到了貴族和鄉紳們的支持，許多高級軍官親自到威廉的駐地表示支持，甚至詹姆士二世的第二個女兒和女婿都背叛了他，投向威廉。詹姆士二世逃往法國。

一六八九年二月，議會宣布威廉爲英國國王，瑪麗爲女王，實行雙王統治。隨後，議會又通過了《權利法案》和《王位繼承法》，規定：未經議會同意，國王不得下令廢止法律，不得任意徵稅，不得任意招募軍隊及維持常備軍。王位繼承問題也不能由國王個人決定，而是要由議會討論通過。一六八八年政變，是一次沒有經過流血而完成的政變，所以又稱「光榮革命」。

「光榮革命」徹底結束了英國的專制主義統治，開始了君主立憲制的統治。

白骨鑄就的皇權

元太祖手足相殘秘事

阿里不哥（？～一二六六），元世祖忽必烈之弟，拖雷第七子。其兄蒙哥大汗死後，他在和林密謀即位，不想被忽必烈搶先在開平即位。他繼而自立並與忽必烈大戰漠北，次年兵敗西逃。至元元年（一二六四）以兵財俱缺，被迫向忽必烈投降。兩年後病死。

開慶元年，元憲宗蒙哥在南下伐宋的戰爭中，死於合州城下。因其生前沒立儲君，所以，引起了諸王爭奪汗位的鬥爭。當時，有資格接替汗位的，除了蒙哥的幾個兒子外，還有蒙哥的兩個弟弟：忽必烈和阿里不哥。忽必烈是有雄才大略、手握重兵並立下赫赫戰功

的征宋主帥；阿里不哥是坐鎮和林，受皇后及蒙哥諸子擁護的，還是蒙哥的心腹。兩人勢均力敵，又都覬覦汗位已久。兄弟二人之間骨肉相殘的內戰不可避免地爆發了。

忽必烈得知蒙哥戰死的消息時，正在率軍南伐，本不想無功而返，但是，他的妻子察必派人密報阿里不哥正調兵遣將，圖謀不軌，使忽必烈感到國內形勢危急，不能掉以輕心。幕僚郝經對他說：

「眼下宋人不值得憂慮，當務之急是對付阿里不哥。您現在雖然握有重兵，但如果他宣稱正式繼承汗位，我們還能回得去嗎？願您以社稷爲念，與宋軍講和。然後率輕騎直奔燕都，使他們的陰謀不能得逞。同時派兵堵住先帝的靈昇，收蒙哥帝的印璽；再遣使通知阿里不哥、末哥等諸王到和林會喪；並命令您的兒子真金鎮守燕京……如擺出這種陣勢來，汗位就唾手可得了。」

當時，正好南宋宰相賈似道派使講和，忽必烈當即同意，遂把大軍留在江北，自己率一支親軍北上。抵達燕京時，忽必烈識破了脫里赤奉阿里不哥之命擴兵的陰謀，將所擴之兵全部遣散。又派親信廉希憲到開平爭取有實力的塔察兒擁戴忽必烈。中統元年三月，忽必烈在開平召集諸王，登上了汗位。

阿里不哥在和林擁有重兵，自恃有皇后及少數地位高的諸王的擁戴，自稱奉遺詔，也在四月宣布繼承汗位。

天無二日，國無二君。兄弟二人磨刀霍霍，都想用武力把對方消滅掉。

四月間，雙方在秦、蜀、隴地區展開了爭戰。忽必烈謀劃周密，行動果斷，以廉希憲、商挺爲陝西、四川宣撫使，一路征戰，捕殺了劉太平、霍魯懷、密里火者等對方大將。在甘州以東山丹，又以合丹、八春、汪良臣等部，合兵擊敗阿蘭谷兒、渾都海，徹底粉碎了阿里不哥在這一地區的努力，使其失去了西線的優勢。

這年秋季，忽必烈在得到陝、川的財力、物力的充足供應下，乘勝追擊，親征和林。阿里不哥卻是糧草匱乏，供應困難。他自知敵不過忽必烈，便棄城而走，撤到西北方面的謙州一帶。他一面派阿魯忽主持國事，籌集糧草，一面假意與忽必烈講和，準備休養生息，伺機而動。忽必烈遂派宗王移相哥駐守邊境，自己也返回了開平。誰知第二年秋天，阿里不哥假裝投降，出其不意地發動了突然襲擊，打敗了移相哥，然後，直向忽必烈撲來。忽必烈急忙率軍反擊。在昔木土腦兒展開一場殊死大戰，結果，阿里不哥大敗，向北逃遁，其部將都歸降了忽必烈。

此時，阿魯忽又背叛了阿里不哥，把在察合台徵集的大量牧畜、軍械、財貨據爲己有。盛怒之下的阿里不哥率軍與阿魯忽開戰，大肆屠殺其兵民，手段極其殘忍，令人髮指。其部將見其如此暴虐，都紛紛離他而去。

後來，阿魯忽倒向了忽必烈，原來擁戴阿里不哥的諸王也相繼投靠了忽必烈。阿里不

哥成了孤家寡人，四面楚歌。最後，在至元元年七月，不得已歸降了忽必烈，結束了歷時四年之久的內戰。

按照蒙古古訓，阿里不哥應當被殺，但是，忽必烈經過漢儒文化的薰染，很想做個被人稱頌的「仁恕」之君。聯想到唐太宗李世民雖然堪稱一代英主，但他發動「玄武門之變」，殺兄奪位這個污點還是遮掩了他的光輝。如今，阿里不哥已是斷翅的飛禽，再無飛天之勢，況且當時不少蒙古諸王擁兵數萬，在關注忽必烈對阿里不哥如何懲治。不殺阿里不哥，肯定會使諸王念及他的仁厚，斷了叛逆之心。眼下一統天下大業未竟，先安定內部，再全力對付南宋，才是上上之策。

於是，忽必烈決定不殺阿里不哥，但是「死罪可免，活罪難逃」，遂賜阿里不哥一處宅院，讓他度其殘生去了。

第二年十一月，忽必烈宣布將「大蒙古」國號改為「大元」，以一個新朝雄主的姿態登上了歷史舞臺。

元朝的開國皇帝忽必烈，是一位具有雄才大略的人物。他的兄長蒙哥當蒙古可汗的時候，忽必烈曾出過大力。蒙哥很信任他，讓他管理漢族人居住的中原一帶地方。

忽必烈與那些只會騎馬打仗的蒙古貴族不一樣，他喜歡讀書，又喜歡和漢人中有學問的人來往，所以他得到漢族能人的幫助，把中原地區治理得井井有條，名聲也一天比一天大。

可是，有一天，有人向忽必烈報告：「您知道嗎？大汗派人到中原來了，說是要調查我們這兒地方管理的所作所為，已經列出了一百多條罪狀，查明後一律處死！」

忽必烈聽後，非常詫異。心想：那些被查出的官員，都是自己平時最信任的人，如果被殺了，還靠誰來治理中原呢？又想：大汗對自己一向信任，一定有人向大汗說我的壞話，引起了大汗的懷疑。

漢人謀士姚樞知道了這件事，對忽必烈說：「大汗是您兄長，是一國之主，您是他的弟弟，是臣子，他有權這樣辦。現在您受了委屈，可不能多計較。我有一個辦

法。您不如乾脆把自己的全家人都送到大汗身邊去住。大汗見您這樣忠心，自然不會聽信讒言懷疑您了。」

忽必烈聽後，馬上把妻子兒女都送到了都城和林。到了年底，他又親自到和林朝見蒙哥。兄弟間消除了誤會，又像當初那樣友好合作了。

「以域取才」的改革

朱元璋謀略經事秘事

明太祖（一三二八～一三九八）朱元璋，明朝的創立者。出身在貧困之家，少時為僧，後入軍旅紅巾軍，逐漸壯大勢力。龍鳳二年（一三五六）攻下集慶，稱吳國公。後滅陳友諒、張士誠，一三六八年建都南京，國號明，年號洪武。同年克大都（今北京），元滅。在位時普查人口、均平賦役、倡農扶桑、興修水利，制《大明律》，國家呈興旺之態。

在我國封建社會，讀書——中舉——當官，是飛黃騰達的路子，當官就能「光宗耀祖」、「封妻蔭子」，有享不盡的「榮華富貴」。選拔官吏必須經過考試制度，分科舉

士，即「科舉」考試分級，有縣試、府試、院試、鄉試、會試、殿試。殿試由皇帝親自主持，分三甲。「一甲」三人，稱爲賜進士及第，第一名通稱爲「狀元」，第二、三名通稱「榜眼」、「探花」。「二甲」若干名，第一名通稱「傳臚」，賜進士出身，「三甲」若干名，賜同進士出身。殿試的象徵意義重於實際意義。殿試結束，按照科甲排名，新進士將獲在京城或地方上做官的權利。

明初，爲了網羅人才，穩定天下人心，朱元璋重開科舉考試。洪武十七年正式頒佈科舉章程。洪武十八年定下考官人數，主考官兩人，同考官八人，其他又有會試提調官、收掌試卷官、彌封官、謄錄官等等，體制十分完備。當然，開科取士，以舉子的文章成績好壞爲標準。

但是，洪武三十年，朱元璋卻一反常例，搞了一個「南北榜」事件，以「地區」取士。這是怎麼回事呢?事情由一場考場騷亂引起的。

洪武三十年的三月五日，是三年一次的「會試」放榜的日子。這天，黃榜一開，人群大嘩。原來上榜之人全是南方人，北方人一個未取。頓時引起騷亂。南京城裏，落第的舉子成群結隊湧向禮部，要求對質。「皇家警察」錦衣衛趕來鎮壓。街頭巷尾貼滿了指責主考官偏袒同鄉，必有隱情的傳單。一場考場騷亂竟發展成了南北對抗的政治運動。

朱元璋對此十分重視，立即召見會試主考劉三吾瞭解詳情，方知本次科考並無舞弊

現象，南北舉子成績屬實，南方舉子的成績確實比北方舉子高。但是，為了安定人心，朱元璋要求特選幾位北方舉子，竟遭到了劉三吾的拒絕。一怒之下，朱元璋把劉三吾趕出宮城，把前主考白信蹈停了職，並下令對考卷復審。北方舉子們聞之，大呼萬歲。會試復審成了人人關注的頭等大事。

四月十三日，朱元璋親臨奉天殿，聽取復試結果，六部九卿官員與原主考人一起進宮聽旨。主持復審的翰林院侍講張信當眾評點幾位北方舉子的試卷。他先說這些試卷有可取之處，但後來突然語鋒一轉，把話題引到這榜評卷問題上來，說北方卷確實不如南方卷，考官絕無偏袒之事……朱元璋聞言大怒，當即指責官員們互相包庇，是將水準不高的卷子送交皇帝審閱，並宣布，以前結果一概無效，自己親自復審。事情鬧大了，這些主考之人被緝拿下獄，嚴加拷問，他們的家人也受到了酷刑，結果，他們竟被指稱與十幾年前的胡惟庸案、藍玉案有牽連，全被處死。

五月初，朝廷宣布復審結果，新選六十一名貢士全部為北方人，南方人則無一人入選。史稱「南北榜」。

為避免此類事件再次發生，洪熙元年設立南北卷制，南卷取百分之六十，北卷取百分之四十，宣德、正統年間，南北各讓出五個名額給中原地區，以取得地區間的平衡。從此以後，明代科考就不是純粹以成績取士了，而是按地區取士，並形成了制度，相沿不變。

這次「南北榜」事件，表面上看是朱元璋親手製造的一起冤假錯案，許多正直無辜的官員慘死在專制皇權之下，朱元璋應該是個殘暴的昏君了。但是，綜觀當時全國的政治經濟形勢，從大局出發，朱元璋此舉是用心良苦的。

其一，朱元璋採取極端措施平息北方知識分子的不平，是爲了維護國家政局的安定。因爲，當時南北方經濟文化發展是不平衡的，北方一直處在元朝政府統治之下，民不聊生，經濟落後，文化不發達，而南方經濟繁榮、文化昌盛。南北相比，差距很大，這是客觀存在。朝廷選拔官吏，如果簡單地以文章好壞取士，勢必造成南方人當官越來越多，而北方人則永無出頭之日，這不但影響北方落後地區的發展，也將引起北方人的不滿，影響國家政局的穩定。按地區取士，則會縮短地區差距，化解這些矛盾，有利於朝廷的統治。

其二，北方地區的重要地位不容忽視。北方原來是元代的政治中心，當時是明代的軍事要地。明初之時，北方士人遲遲不願依附明朝，對朝廷採取觀望徘徊態度，因此，用科舉籠絡北方士人之心是當務之急，而張信等人眼光短淺，就事論事，體會不到「聖意」，難免成了犧牲品。朱元璋不以成績取士，絕不是簡單的科舉制度的改革，而是血淋淋的政治鬥爭。

朱元璋小的時候，家境非常貧苦，父母親把他送到一個財主家裡去放牛，這個財主非常刻薄，常常虐待朱元璋。

有一次，他去放牛的時候，經過一座獨木橋，因為橋板太窄，老水牛失腳一滑，便跌到橋下的溪裡去，折斷了一條腿。財主氣極了，把他關在柴房裡，也不給他吃飯。過了三天三夜，朱元璋實在餓壞了，就在小屋裡想找些東西吃，找了半天，只有一個老鼠洞。

朱元璋心想，抓隻老鼠來充饑也好，於是伸手挖了下去，發現洞裡居然是老鼠的糧倉，裡面有米、豆子等糧食，雖然都只有一點點，把它煮熟還是可以充饑。於是他找來一只破鍋，生起火來，用這些東西煮了一鍋粥。後來，他做了皇帝，有一天，忽然想起以前吃過的雜糧粥，便令御廚燒一鍋甜粥來吃。那天剛好是臘月初八，便把這種粥命名為「臘八粥」。

解不開的歷史之謎

鐵面人秘事

鐵面人是在法國路易十四當政期間的一名神秘的囚犯，他曾先後被關押於皮內羅要塞、巴士底等監獄。由於此人的臉一直戴著一個由絨布製成的黑色面具，沒有任何人見過他的面容，因此他的真實身分受到許多著名學者的關注和研究，並成為許多書籍的題材。

你能想像自己的臉部永遠被罩上一個鐵皮的可怕景象嗎？一塊重達幾公斤的鐵塊，被鑄成一個頭套，你的額頭、後腦、鼻子都被囚在罩內，新鮮的空氣只有經過鐵銹的過濾才能進入你的肺部，不能洗臉，臉上全是厚厚的污垢。只有一雙滴溜的大眼睛還可以作短暫的瞭望。

你也許覺得我是在講一個天方夜譚的恐怖傳說，那可能存在嗎？

西元一六六一年某月的一天，在法國東南部普羅旺斯海外的聖瑪格蕾特島上，突然出現了一個這樣的人物。他身材高大，姿態高雅，但頭上一直戴著鐵面罩。面罩的頸部裝有彈簧，可使其頭戴面罩吃喝。這個人物的出現，使這個雖然偏僻但見識不少的地方老人也驚呆了，他們甚至還懷疑這真的是人嗎？

這個人是被秘密地押解到這裏的，就像是從天上飛來的，問誰都只是搖搖頭說不知道，就連監獄長也迷迷糊糊，犯人的身分他也不甚明瞭，只知非同尋常。囚犯在這裏受到了無微不至的優待，他可以提出生活上的任何一項需求，惟一不允許的就是他不得請人摘下他的面罩。

監獄明文規定，不論任何人任何時候把這個面罩打開，囚犯連同看守人員將立即被處死。有一次，典獄長親自把飯菜放到犯人的桌子，囚犯把一個刻了字的銀盤從窗口扔出，落在獄外的河邊。一個漁夫拾到銀盤後，交還給典獄長。典獄長連忙問他，你看到盤子上的字了嗎？漁夫回答，我不識字。典獄長又問，有別的人看到這個盤子沒有？漁夫說，沒有。典獄長還是扣押了漁夫。經過調查，漁夫所說屬實，才放掉他。並說，幸虧你不識字。

犯人在監的日子裏，只有一個人來看望過他，那就是路易十四的首相盧瓦侯爵。盧瓦侯爵對這位囚犯畢恭畢敬，始終站著與犯人講話。後來鐵面人於一七〇三年悄然逝去，秘密地埋在了聖保羅教區。只有極少的幾個大臣知道這個秘密，其中有個叫百夏米亞爾。臨死時，他的女婿曾跪在他面前，懇求他將這個秘密透露一下，但終究未能如願。於是這個鐵面人就成了千古之謎，後人們在茶餘飯後編撰著傳說，爲這個故事平添了幾許神秘。

有人說，「鐵面人」是路易十四的生父多熱。路易十三與王后安娜一直不合，兩人長期分居。爲了緩和他們的夫妻關係，當時擔任首相的紅衣大主教黎塞留曾從中調解，使得路易十三與王后重歸於好。但是，在國王與王后分居期間，王后已經與貴族多熱有了孩子。孩子出生後，爲了避人耳目，多熱被迫流落他鄉。孩子後來長大成人，並繼承了路易十三的王位，成爲了路易十四。多熱聞訊後悄悄返回，將實情告訴了路易十四。豈料，路易十四居然不認他。

而對如此尷尬的局面，路易十四既害怕醜聞暴露，又不好對生身父親下毒手，只好想了個絕招，給他戴上面罩，送進監獄裏度過餘生。這種說法在法國大革命後流傳甚廣且影響深遠。

但這種說法中也有很多的疑點，根據對當時巴士底獄監獄中犯人資料的原始記載，「鐵面人」突然死去時，年紀大約在四十五歲左右，而當時的路易十四已經六十五歲的高

齡了，問題是顯而易見的。除非爲調查所提供的原始資料是當時監獄按照某些指令故意如此記載的，否則這種說根本無法成立。

也有人說，鐵面人就是路易十四的孿生兄弟。爲了避免王位的紛爭，這個不幸的王子從小就被軟禁在荒僻的地方。後來有人曾利用這個與路易十四長得一模一樣的王子，導演了一場宮廷政變，但由於準備不足而流產，作爲懲罰，王子被罩上了鐵面，永世不得取掉。大仲馬還對這一事件進行發揮，撰寫了一部長篇小說《俠隱記》。

也有人說，鐵面人是法官兼警察頭目拉雷尼。這種觀點是維爾那多在一九三四年出版的《皇后的醫生》一書中提出的。此書指出：拉雷尼的叔叔帕·科齊涅是一位著名的外科醫生，在宮中做了多年的御醫，並專門服侍路易十三的妻子安娜。路易十三死後，他負責解剖他的屍體，由此發現死者並非路易十四的生父，他將這一秘密告訴了其侄子拉雷尼。後來宮廷知道了此事，路易十四爲了防止這一醜聞傳開，下令將拉雷尼拘捕入獄並給他帶上面罩，以防被人認出。

但這種觀點也有許多牽強附會的地方。路易十四既然要維護宮廷聲譽和自己的清白，爲何不將拉雷尼秘密處死，這樣他就徹底去掉了後顧之憂，而完全沒有必要給他帶上一個鐵面具，讓他在監獄裏過著一種優雅舒適的生活。而且，後來人們發現科齊涅是在路易十三死去一年後才擔任宮廷醫生的，而拉雷尼也早在一六八〇年死於故鄉，所以這個說法不攻自破。

還有人說，鐵面人就是富凱。富凱是路易十四的財政總監，他的宮殿富麗堂皇，遠勝於王宮，出於嫉妒，路易十四一方面自己決定建一座更加富貴的皇宮，即後來的凡爾賽宮，另一方面搜集富凱罪狀，最終以貪贓枉法的罪名逮捕了富凱。後來富凱猝死獄中，屍體由當局秘密處理。有人由此推斷死者並非富凱本人，而是他的奴僕愛斯塔・多熱，而富凱卻活著，只不過是臉上帶著面具。這個觀點同其他觀點一樣，存在同樣的年齡上的矛盾，因為即使富凱沒死，到一七〇三年時也應是老態龍鍾而非中年。

還有一種說法，說鐵面人是義大利的馬基奧里伯爵。當年路易十四曾經企圖將義大利曼圖亞斯公爵領地的卡贊列要塞據為己有，為此，他派人與公爵接觸，並答應公爵在事成之後給公爵十萬艾克。公爵在慎重考慮之後，派自己的親信馬基奧里伯爵前往法國談判。談判中，路易十四企圖用金錢賄賂馬基奧里，沒想到，馬基奧里不為金錢所動，反而將此事告訴了公爵夫人。公爵夫人與路易十四有曖昧關係，於是路易十四很快得知馬基奧里的行動，於是把他變成了階下囚。

更有人說，鐵面人是英國國王查理一世。這種說法似乎顯得有點底氣不足，因為早在一六四九年，查理一世就已經被送上了斷頭臺，即使他使用調包計讓別人替他受刑，到一七〇三年時他也老態龍鍾了，而真正的鐵面人是一個體態優雅的年輕人。況且，就算查

理一世真正逃到法國，路易十四也沒有理由如此隆重而又刻薄地對待他。

一八九一年，偉大的密碼學家巴澤里斯宣布，他根據一封路易十四時代的密信破解了鐵面人之謎，這個鐵面人是當時的布隆德將軍，他由於拒絕執行命令而被監禁。

巴澤里斯是一個喜歡惡作劇的法國軍官，當時的法國報紙上，登載有私人之間用密碼編寫的留言，許多已婚者利用這塊地方和他們的情人約會，說些肉麻的情話。巴澤里斯樂意解讀這些密文，並以在食堂裏和同伴們分享爲樂。他的玩笑開得愈來愈大，因爲輕而易舉地破解了法國軍事密碼系統的加密而名聲大噪，並被召入外交部密碼處工作。因此，當這封路易十四時代的莫名其妙的密碼信被發現時，自然就轉交到巴澤里斯的手上。

這封信由一到五百之間的數字不規則排列組成，但有幾個數字經常出現。巴澤里斯猜測，每個數字代表法語的一個音節，其中二十二出現得最頻繁，有一百八十七次，然後是一二四等，他根據這些數字出現的頻率，與通常法語文章中最常出現的章節對應起來，最後，他幾乎成功地解開了所有的密文。這是一封國防部長盧瓦寫給中將德卡蒂納的信。盧瓦寫道，布隆德將軍由於拒絕執行命令應受到處罰，國王命令立即逮捕布隆德，並將其押往皮格爾內羅城的古堡。晚上將犯人鎖入一間小屋，白天則允許他帶著「三三〇三〇九」沿城垛走動……

聯想到鐵面人的故事，巴澤里斯推斷，數字三三〇應當是法語單詞「面具」，而「三

〇九」可能是某個句點符號。他宣布那個鐵面人就是布隆德將軍。但因爲「三三〇三〇九」這兩個數字在密信中只出現了一次，所以人們有理由懷疑巴澤里斯的最後推斷。

儘管眾說紛紜，但鐵面人不是平民百姓是可以肯定的，另外，這個人也肯定參與了王室內部的鬥爭。

更多的事實的揭示還要等待。也只能等待。

關於鐵面人的故事，幾百年來在法國歷史上一直流傳不斷，也成為許多小說的題材。一八五〇年，大仲馬的小說《三劍客》中的最後一本，即是以此為故事架構。故事中的鐵面人是路易十四的雙胞胎弟弟，為了防止日後產生繼位問題，所以一出生就被抱走，而在他發現自己身分之後就被拘禁起來。一九九八年，好萊塢亦推出由李奧納多皮卡迪歐主演的《鐵面人》，再次引發這個話題。

革命的風暴

路易十六被送上斷頭臺秘事

路易十六（一七五四～一七九三），是法國波旁王朝的國王，路易十五的孫子。瑪麗．安托瓦內特為其皇后。路易十六性格優柔寡斷，即位後多次更換首相和部長，任由內閣內訌，從激進的改革到保守的節儉措施，政策變化無常，終於引發不可收拾的民怨，並導致法國大革命的爆發。

一七八九年，法國國王路易十六為了搜刮錢財而在凡爾賽召開了國民大會，最終引起了法國大革命。這次大革命推翻了法國封建專制制度，是歐洲大陸上第一次大規模地、急風暴雨式的資產階級革命，震撼了歐洲封建體系，是歐洲歷史上的一次劃時代的事件。

一七九三年一月十八日，凌晨，天還濛濛亮，一輛馬車緩緩地向革命廣場駛去，後面跟著一隊荷槍實彈的士兵，馬蹄的嗒噠聲不時被嘈雜的步履聲淹沒。歷史將記住這個時刻，法國路易十六要被送上斷頭臺。

馬車中坐的就是路易十六，此刻他正在急切地讀祈禱文，他想要通過這種行爲來擺脫他的恐懼，他感覺這好像就是一場夢，兩個月他還高坐在皇位上，低下的臣民們匍伏在他的腳下。

「你們給我找到好玩的了麼？要抓緊點。」

「皇上，我爲你找到了一個世上最大的蟋蟀。」

「皇上來……」

猛然停下的馬車聲使他從夢幻中清醒，三個士兵出現在他眼前，沒有爲他帶來蟋蟀，而是一把他拉了下來。他看到了廣場中間的斷頭臺，四周排列著大炮，後面是密集而又憤怒的人群。三個士兵還要剝掉他身上的衣服，這一剝反倒使他鎮靜了，他制止了士兵的魯莽行動，自己解開圍巾，脫去衣服，又解開襯衣領子。昂著挺胸地走上斷頭臺，用十分清晰的聲音說：

「我雖然死去，但絕沒有犯任何指控我的罪行。我寬恕造成我死亡的人，我要祈求上帝，在我的鮮血拋灑之後，法國的土地上再也不流血了。」

鼓聲驟然響起，劊子手抓住國王，把他推到斷頭臺的鍘刀下面，剎那之間，他的頭顱向台下的人群滾去，一個圈，兩個圈，一直滾到快到人群的地方。

一個年輕的士兵搶過去把那顆頭顱高高舉起，在一片「共和國萬歲」的喊聲中，一代帝王路易十六就這樣煙消雲散了。

在法國大革命中，革命派爲了適應大革命的需要，減少大批犯人死亡時的痛苦，發明了一種先進的處死犯人的刑具——斷頭臺。從一七九二年八月起，革命者開始使用這種「無痛苦屠宰機」。路易十六是這個新式機器所殺的地位和品銜最高的人。九個月後，在同樣的地方，以同樣的方式，瑪麗王后追隨丈夫而去，享年三十八歲。

他的死一方面歸因於自己的懦弱，更爲重要的原因，是由於皇后的挑唆所導致的。

一七七〇年，路易十六與奧地利女皇瑪麗亞·泰利莎的最小女兒瑪麗·安托瓦內特結婚。當時瑪麗只有十四歲，滿臉稚氣，異常嬌美，像一個小女孩一樣，然而花錢卻大手大腳，似流水一般。但他卻勤於政務，有抱負和事業心，不近女色，一輩子除了瑪麗·安托瓦內特外，沒碰過任何一個女人。瑪麗王后高貴的出身讓她高傲於一般的市民之上，她嘴角總是浮著高人一等的輕蔑微笑。

一七七四年，公公路易十五去世，年僅十八歲的瑪麗當上法蘭西的「一國之后」，並且是一位能使丈夫言聽計從的俏麗王后。當了王后以後，她更加揮霍無度，肆意舉行宮廷

娛樂活動，欠了債也無所謂。再多的錢，一經她的手，便會轉眼分文不剩。

路易十六並不聰明，也不英俊。他信仰虔誠，生活樸素，他並不喜歡凡爾賽宮的奢華，但對妻子的窮奢極欲他也無力阻止。因爲過胖的原因，他時常以打鐵、製鎖、做泥瓦匠、打獵爲樂。他爲人正直、善良，但是軟弱，易受人影響。他生性靦腆，很少在公眾場合講話。在他死後發現的日記裏，他記載的都是些瑣碎、平庸的事情，甚至有買東西的流水帳，還有許多的「無事可記」。不過，人們還是在他的日記裏發現一些有意思的資料，如這位偉大的法國國王在廿六年中，只洗了四十三次澡。

一七八九年，法國革命爆發，在驚聞巴士底監獄已被憤怒的巴黎民眾佔領時，路易十六嚇得魂消魄散，沒了主張，不召開會議討論對策，反是跑回宮裏躲在皇后的被窩裏。如果這位皇后機智聰明，她就可以幫助路易暫時擺脫危機，或是乾脆她也是毫無主張，自會有大臣來妥善解決的，偏偏瑪麗皇后不聰明也罷，卻要故作聰明。

她平時養尊處優、揮金如土，又很少讀書，知識貧乏，缺少政治頭腦，又完全脫離百姓。但當革命風暴襲來之時，出於對革命的恐怖與仇恨，她斷然代替懦弱的丈夫行使大權，犯下一連串重大的罪行，最終把自己和丈夫推上了斷頭臺。

首先，她對被監視和軟禁的生活無法忍受，於是不管大革命正在蘊釀發展，偷偷策劃於一七九一年六月二十日晚上，載上八車衣物財富，乘夜深人靜時，帶上大公主、王太子

以及僕從逃往國外，結果在離邊境不遠的瓦倫被劫獲。這一反革命和判逆行動引起法國人民的憤怒。

第二個罪行是她多次將軍事機密洩露給法蘭西敵人——奧地利王室，犯了叛國罪。

第三個罪行是她慫恿路易十六口頭上擁護革命，暗中卻對抗革命。當吉倫特派表示願與宮廷妥協時，她卻給予拒絕。這一切更加激怒了革命群眾對國王的憤怒，導致君主制的徹底毀滅。

巴黎市民決定不再對國王和王后心慈手軟，他們認爲反革命分子對革命不仁，革命者對待這些人也不能講究義字了。這直接導致了革命轉向廣場上的斷頭臺和臺上高聳的斷頭臺，轉向了革命的恐怖和血腥。

同室操戈的殘酷

建文帝被叔叔趕盡殺絕秘事

明惠宗朱允炆（一三七七～？），是明朝第二位皇帝，年號建文，明太祖朱元璋之孫。其在位期間進行一系列寬政、削藩的改革，史稱「建文改制」。一四〇二年，燕王發動「靖難之變」後攻入南京應天府，朱允炆下落不明，成為明朝一大疑案。

燕軍已破城而入，建文帝欲拔刀自盡。少監王鉞在側攔住：「陛下不可輕生，從前太祖升遐時，曾留有一個箱子，並說『子孫若有大難，可開箱一視，自有方法』。」建文帝即命王鉞取箱，片刻後，有太監四人扛一箱入殿。箱的四圍俱用鐵皮包裹，連鎖心內也灌生鐵。

王鉞取了鐵錐，將箱敲開，裏面藏著度牒三張，以及袈裟僧帽僧鞋等物，並有剃刀一柄，白銀十錠，及一張紙，紙中寫著，允炆從鬼門出，餘人從水關御溝出行，薄暮可會集神樂觀西房。

建文帝嘆息道：「天命如此，還有什麼可說的？」太監立即取出剃刀，給建文帝剃髮。朱允炆脫了衣冠，披上袈裟，藏好度牒；一面命縱火焚宮。頓時火光熊熊，把金碧輝煌的皇宮燒爲灰燼。

皇后馬氏投火自盡。妃嬪多半焚死，建文帝痛哭一場，麾衣出走。鬼門在太平門內，是內城一矮門，僅容一人出入，外通水道。建文帝傴僂先出，其餘亦魚貫出門。門外正好有一艘小船，船中有一道士，呼建文帝乘舟，並叩首稱萬歲。道士說：「昨夜夢見高皇帝，命臣來此守候。」流亡諸人遂乘舟而去。

在民間的故事中，人們對建文帝有神秘色彩的短暫而悲慘命運所吸引。關於他的下落的傳說也十分離奇。

建文帝朱允炆是明太祖的嫡孫，懿文太子的第二子，生於洪武十年。朱允炆讀書很聰明，且慈慧和善，天性純孝。祖父很鍾愛他。十四歲的時候，懿文太子患了病癰，晝夜伺疾不暫離片刻。兩年後，懿文因病去世，他被立爲皇太孫。很早以前，太祖命懿文太子參與政治決策，太子天性仁厚，於刑獄多所減省。這時的朱允炆與他父親性格一樣，他曾經參閱歷朝刑法，修改洪武《律》中過於峻厲的七十三條。

當初太祖在世，因建文帝頭頂骨少偏，性格又過於柔弱，恐怕不能擔負社稷的重器，時常以此爲憂。一日，令朱允炆詠月，結尾的兩句是：「雖然隱落江湖裏，也有清光照九州。」太祖見了，很不高興。後來又聯對，太祖說：「風吹馬尾千條線。」朱允炆答道：「雨打羊毛一片膻。」太祖面色頓變。當時燕王也在，他對的是「日照龍鱗萬點金」七字，太祖不禁拍案叫絕：「對得好！」

朱棣的長相及才能都很像朱元璋。明太祖雖然對第四子朱棣的才能有很深的印象，但爲了王朝的利益，爲皇位的合法繼承樹立一個正式的原則，以此杜絕將來在皇位繼承問題上的紛爭，他仍把朱允炆看作繼任人選。這個未經過考驗的男孩被立爲皇嗣時，不足十五歲，聲望或才能絕不能與他的祖父或他的叔輩相比肩，他的被指定只不過是長子繼承制原則的體現而已。雖然朱棣奪位後聲稱，他本人原被入選爲嗣君，只是因爲那些朝廷奸佞的橫加干預才未成功，但洪武帝事實上沒有考慮把他的其他兒子立爲太子。

朱元璋死後，根據遺詔，朱允炆在南京即位，時年廿一歲，他確定下一年爲建文元年，他就是歷史上的建文帝。

年輕的建文帝書生氣十足而又溫文爾雅，他繼承了他父親的溫和和好思考的脾性，他

靦腆、優柔寡斷，且又毫無國政經驗。建文帝把三位儒家師傅引爲心腹，他們是黃子澄、齊泰和方孝孺。建文帝用他們輔翼，以監制外藩。

黃子澄是一個很受人尊敬的淵博的學者，被任命爲翰林學士，並參與國家政事。齊泰是一位對經書學有大成的學者，特別精於禮和兵法。他在洪武帝彌留之際受顧命，以護衛皇太孫和嗣君，被建文帝任命爲兵部尚書。方孝孺被召爲翰林侍講。這三位儒家學者以各種不同方式影響皇帝。三個人變成了皇帝的心腹，用儒家的修齊治平理論教育他。他們都勇敢、正直，但同時又都是書呆子，對於問題的分析往往限紙上談兵，不切實際。

削奪世襲封國的政策的產生，是由於擔心幾個有雄厚軍事實力的皇叔可能要發難，特別是燕王朱棣。當年明太祖陸續分封了他的九個兒子，王位世襲；以用來作爲抗擊蒙古侵略和鎮壓叛亂的支柱。藩國的權力極大，且都節制著大量的精銳部隊。

當年太祖在他的《祖訓錄》中，曾定下了一系列條令規章來管束諸藩王的行爲，其中有一條規定：在新皇登極以後的三年時間內，藩王們不許來朝廷，只能留守藩封。可是，如果有「奸臣」在朝廷當道，諸王有義務聽候新皇帝召他們來驅除內奸，而在驅逐了奸佞以後，仍必須返回封地。但想法是很不現實的，因爲如果地方實力大於中央，那麼這一條有被隨意利用的危險。

朱允炆現在企圖削奪諸王的權力，這就使他與叔父們發生了公開的衝突。建文帝爲太孫時，曾坐在東角門對黃子澄說：「諸叔各就藩封，擁兵自固，設有變端，如何對付？」子澄答稱無妨，他向皇帝講述了漢代的七國之亂反對漢景帝的故事，建文帝方才歡慰。

黃子澄是削藩政策最積極的擁護者。幾經斟酌之後，建文帝決定走完全廢藩的道路。而削藩的主要的目標是燕王。建文帝曾與齊泰、黃子澄密議。齊泰說：「諸王中惟燕最強，除了燕王，餘人可不討而服。」

黃子澄反對他的意見：「齊尚書錯了，欲要圖燕，先須翦他手足。周王係燕王母弟，今既密謀不軌，何妨將他拿來，先行處罪。一足除周，二足懲燕。」

周、齊、湘、代、岷諸王，多不自安，互相勾結。接著，建文帝利用或有或無的罪名，先對那些較小較弱的藩王採取行動。湘王朱柏自焚死，齊王朱榑、代王朱桂、岷王朱楩有罪，都被廢爲庶人。燕王便成了下一個目標，但朝廷在行動上很小心謹慎，不急於動手，可是，這樣一來，反而給了他作準備的機會。燕王已經用招降蒙古士兵的辦法擴充了他的部隊，同時，他又與一些朝廷的宦官內外勾結起來。

一三九九年八月，燕王朱棣誓師抗命，下諭將士，打著「清君側」旗號起兵「靖難」。史稱「靖難之役」。朝廷和燕王之間開始了一場血腥的、持續三年的軍事對峙。

在叛亂開始的時期，燕王尚不占兵力上的優勢。他的軍隊只有十萬人；除了他的封地北京之外，他也沒有能夠控制任何其他領土。南京的建文朝廷有一支三倍於燕王軍隊的常

備軍，擁有全國的經濟，並且已經廢除了幾個藩國。但燕王的領導能力、高素質的軍隊卻非建文帝可比。隨著戰爭時間的延長，朝廷指揮不當、兵力孱弱、內部鬆懈的缺點嚴重影響了戰局。直至節節敗退，許多將領投降了燕王。

建文朝廷曾從朝鮮輸入許多戰馬，想以此增強戰鬥力，因爲朝鮮國王李芳遠公開表示支持建文帝打燕王。但是這些辦法未能影響一敗塗地的戰爭結局。

建文四年六月，燕軍渡江直逼南京城下，谷王朱橞與曹國公李景隆開金川門迎降，京師遂破。燕兵進京，在燕王軍隊抵達後的一場混戰中，南京城內的皇宮大院起了火。

當火勢撲滅後，在灰燼中發現了幾具燒焦了的殘骸，已經不能辨認，據太監說，它們是皇帝、皇后和他的長子朱文奎的屍體。朱棣登位後，將忠於建文的諸臣剝皮的剝皮，下油鍋的下油鍋，把他們女眷罰到教坊司當官妓，實行殘酷的「轉營」，即輪流送到軍營中去，一個女子每一日一夜要受二十餘男子的凌辱，情況還要經常報告朱棣，有被摧殘至死的，朱棣就下聖諭將屍體餵狗吃了。

但建文帝的下落終成爲一件懸案。誰也不能肯定他是否真的被燒死了；後來對他的帝業抱同情心的歷史學家們都說，他喬裝成和尚逃離南京。當時官方的記載當然只能說皇帝及其長子已死於難中；否則，燕王就不可能名正言順地稱帝了。建文帝最後的真正命運仍然是一個謎。

據《明史》的記載：「谷王橞及李景隆叛，納燕兵，都城陷。宮中火起，帝不知所終。燕王遣中使出帝后屍於火中，越八日壬申葬之。或云帝由地道出亡。正統五年。有僧自雲南至廣西，詭稱建文皇帝。知府岑瑛聞於朝。按問，乃鈞州人楊行祥，年已九十餘，下獄，閱四月死。同謀僧十二人，皆戍遼東。自後滇、黔、巴、蜀間，相傳有帝為僧時往來跡。」

有一個九十歲的老和尚利用這個傳說，來到了正統皇帝的朝廷，自稱他是從前的皇帝。這個騙子後來被揭露並處死了，但這個事件卻助長了人們的幻想，也激發了其他相關傳說的產生。

有學者認為，「靖難之役」後，建文帝逃亡到了青海瞿曇寺。《創新渭源縣誌》載：「建文於夏六月庚申十三日未時，由癸門出，比時願扈駕車廿二人，節其一也。君臣奔竄崎嶇，晝伏夜行。歷滇南、巴蜀，建文至樂都瞿曇寺，……」

永樂以來，明朝歷代帝王給瞿曇寺賜匾、修佛堂、封國師、賜印、派大臣等史不絕書，這種割捨不斷的關係本身就耐人尋味。南朝時期，已開通從南京歷巴蜀、河湟、至于闐的所謂「絲綢南道」，「靖難之役」後，北方道路被燕軍所封，建文帝只有向南方逃竄，輾轉雲貴、巴蜀，最後選擇西北邊荒的河湟地區作為落腳點，是極有可能的。

《明史紀事本末》說，建文帝流浪三十九年，於英宗正統二年被認出，朝廷也不知他

是真是假，有老太監吳亮，過去曾經侍奉過文帝，使他來認辯，朱允炆一見太監即呼道：「你是吳亮？」答道：「我不是！」允炆又道：「我過去在御便殿，曾有一次，有一片肉棄地，你伏在地上，以舌食之，你難道忘記此事？」老太監大哭。入居宮中，壽年而終。《長安西話》說，建文帝葬於西山。北京龍潭現存有一丘一碑，碑上刻著「天下大師墓」，相傳即為建文帝之墓。

在《明史．姚廣孝傳》和《胡濙傳》裏記載：對建文帝是否自焚而死，永樂帝不放心，有人告訴他，建文帝削髮為僧外逃了。他把建文帝的主錄僧溥治抓了起來關進監獄長達十餘年，逼他供出建文帝下落。並派親信胡濙與認識建文帝的內侍朱祥，以尋訪道士張三豐為名，從陸路遍訪各州、郡、鄉、邑，去查訪建文帝下落，長達十六年之久。

永樂二年又有謠傳建文帝逃亡海外，永樂帝又派鄭和七下西洋，也未查到建文帝下落。《明史．鄭和傳》說：「成祖疑惠帝亡海外，欲蹤跡之。」一直到朱棣死前一年的一個晚上，他已睡下了，但聽說胡濙回來了，急忙穿上衣服，在臥室單獨召見。也有記載說，胡濙訪得建文帝離開紫禁宮後，削髮為僧，既沒有去神樂觀，也沒有去西南、東南周遊避難，而是被僧司溥治所救，一直藏在江蘇吳縣普洛寺內，此後一心為僧，無復國之意。

也有學者說，建文帝自焚身亡是歷史真實，因為當時燕軍兵臨南京城下，建文帝想逃

也來不及了，更何況，經實地考查，南京也無鬼門、御溝逃路。建文帝深知燕王朱棣志在奪位，也絕不會讓他活下去。朱棣為了不留下「殺侄奪位」之臭名，故意苦心尋找建文帝下落，留下了歷史疑案，這可能是朱棣的用心之機。

建文帝留有一子文奎，事變時年僅二歲，事後被朱棣幽禁，直到明英宗復辟才得釋出，放出時年已五十七，智力只相當於幼童，連牛馬都不認識。

飽經摧殘下的反抗

「壬寅宮變」秘事

明世宗（一五〇七～一五六七）朱厚熜，明孝宗侄。正德十六年（一五二一），武宗死，無嗣，朱厚熜即位，建元嘉靖。世宗登極伊始，整吏治，誅奸臣，朝政煥發新顏。後喜神仙老道之術，兵備廢弛，賄賂成風，民間起義不斷。內憂外患之下，於嘉靖四十五年（一五六六）十二月卒。謚肅皇帝，廟號世宗。

明嘉靖二十一年（壬寅年，西元一五四二年），駭人聽聞的「壬寅宮變」發生在紫禁城裏，宮女楊金英帶領十幾名年輕的宮女，在當天深夜，企圖用繩索勒死嘉靖皇帝朱厚熜。由於慌亂，宮女們錯將繩子結爲死扣，無法勒緊。嘉靖帝暈了過去，垂死之中，後被

救了過來。由於事涉宮闈隱私，事後統治者極力包掩此事，史籍資料也很少記載，因此，很少人知道事情的真相。但在民間各路說法不脛而走，以致成為明代宮廷史上的一樁疑案。

藩王朱厚熜還沒有成為明世宗前，就喜歡煉丹修仙，將大半心思都花在了鑽研如何成仙上。他稱帝之後，享受的富貴達到了極點，仍舊一心追求長生不死。於是，他廣徵道士方士之流，在宮廷中搞起了齋醮，不斷擴大規模，耗費鉅資。

他又是好色之徒，令禮部派員在京城、南京、山東、河南等地挑選了民間女子千餘人進宮。以後又多次採選宮女，多達數千人。僅嘉靖二十六年（西元一五四七年）至嘉靖四十三年（西元一五六四年）間四次大選，就選進一千零八十個八歲至十四歲的幼女。

選這麼多的女孩入宮，一是準備用以煉製「元性純紅丹」，二是供世宗淫樂縱欲。這些進宮的女子，只有少數有封號，絕大多數既被世宗淫樂，又被奴役，飽經摧殘。而世宗被謀害這件事情，就與這種荒淫無恥的行為有關。

但具體說來，史家們對宮女弒君發生的原因，存在如下幾種不同的解釋。

第一種觀點認為，「壬寅宮變」是由於嘉靖帝為煉製長生不老的丹藥，酷虐宮女所致。

當時，司禮監審問宮女的口供記錄中，有「咱們下手了罷！強如死在他手裏」的話。

據此推斷，這時宮女們一定處於危險的境地，將被置於死地，反正死是難免的，不如先下手爲強，拚死一搏，殺死嘉靖皇帝。而各種資料表明，事件發生前，宮女們並沒有做錯什麼事情，既無大錯而又面臨危險，推察情由，這件事很可能是世宗煉製長生不老丹藥所致。

朱厚熜貪戀女色，縱欲無度，他自己身體狀況越來越差，而愈是這樣，他又愈是迷戀道教仙術，以求長生不老。一些有名的方士、佞臣，都是以進獻房中秘方或煉丹藥而大發橫財。如陶仲文是嘉靖帝最寵信的方士之一，最初就是靠進獻房事秘方得到皇帝的寵愛。嘉靖帝一次給他的賞賜就是十萬兩銀，官至一品，兼領雙俸，他的子孫也由此受益。爲了投皇帝所好，當時搜集進獻各種房事秘方、煉製或炮製各式長生不老丹及房中藥的風氣流行大江南北。

當時所進獻的秘方和煉丹藥可謂五花八門。其中「紅鉛」作爲最流行的煉丹製藥之法，是將處女月經和藥粉經過拌和、焙煉而成，形如辰砂。還有一種「含真餅子」，即嬰兒出生時口中所含的血塊。據說這些藥物能夠起到強身健體和增強性欲的作用。在「壬寅宮變」一兩年前，宮內這種煉丹之風達到了極點。嘉靖帝信用方士段朝用等人煉製丹藥，不惜犧牲宮女的身體，甚至年輕的生命。爲了採得足夠的煉丹原料，皇帝強迫宮女們服食催經下血的藥物，輕則極大損傷宮女身心，重則造成失血過多甚至血崩，許多人因此喪命。

此外，爲了防止洩漏煉藥的秘密，甚至可能殺掉取過血的宮女滅口。可以推測，當時部分宮女親眼目睹宮內姐妹們飽經殘害，自知這種災難早晚會降臨到自己頭上，因而才決定拚死一搏，她們明知無論能否成功，死是在所難免，但既然怎麼都是死，不如與嘉靖帝同歸於盡。

第二種觀點認爲，是寧嬪王氏首謀發動這次宮變的。爲什麼王氏要指使宮女們殺死嘉靖帝呢？據說是這樣的。世宗自嘉靖元年大婚後，身體很虛弱，經常氣喘、咳嗽，直至嘉靖九年還沒有孩子。嘉靖十年，世宗在宮中欽安殿建壇求嗣，以求得到一個兒子。起初，以禮部尚書爲監禮使，文武大臣輪流值班進香，一直沒有效果。到嘉靖十五年，請道士邵元節等主持祈壇。

事情也是巧合，當年，後宮妃嬪就生了男孩，以後又生了好幾個孩子。寧嬪王氏也在這一年爲嘉靖帝生了一個兒子，按慣例，她應該由嬪晉爲妃，可是不知爲什麼，世宗沒有晉封她。因此寧嬪王氏心存不滿。她便在嘉靖帝夜宿於寵妃曹氏宮中時，指使楊金英等宮女將皇帝勒死以作爲報復，同時也可把責任推到曹氏身上。

這一說法大抵是根據一般宮闈鬥爭的邏輯所進行的猜測，但於情理並不符。因爲，一個生有皇子的妃嬪，爲了爭寵而冒如此大的風險，沒有這樣的必要，十幾位宮女爲給主人爭寵而不顧生死謀害皇帝，而且如此一致的態度，可能性也不大。

第三種觀點認爲，世宗喜怒無常，任意殘害宮女而導致了這次宮變。

據歷史資料記載，嘉靖帝性格殘暴，喜怒無常，任意對待臣下，和後宮從皇后到宮女。孝潔皇后陳氏僅僅因爲對朱厚熜好色有所不滿，朱厚熜便雷霆大發，命陳氏和她腹中的孩子一起死去。陳氏死後，朱厚熜立順妃張氏爲后，寵愛有加。然而，朱厚熜就因爲一件小事，一怒之下廢了張氏，改立德妃方氏爲后。方氏在壬寅宮變中對嘉靖帝有救命之恩，但她處死了皇帝寵妃曹氏。朱厚熜心有戒恨。幾年後，後宮失火，朱厚熜竟然眼看著大火燃燒而不救，使方氏在害怕和驚嚇中死亡。

對皇后都是如此，嘉靖帝對待出身低微的宮女宮婢，當然不看在眼裏。朝鮮史書所載，朱厚熜雖然貪色，但宮人只要犯了一點小小的錯誤，從不寬恕，痛加責打，因此多達兩百多位宮女被打死。這種非人的待遇，使宮女們擔驚害怕，蓄謀拚死鬥爭。而這起宮變也正是因爲這種原因，宮女才發出「咱們下手了罷，強如死在他手裏」的呼聲。

第四種觀點，依正史所載，此次宮變，與一妃一嬪有關。推測可能是一場政治鬥爭。

明武宗也是荒淫無度、縱欲過度而死時，沒有留下子嗣，也未留下遺囑，臨終時告訴身邊太監，由太后與朝臣商議酌定立嗣之事。經慈壽皇太后與朝臣商議，興獻王之子朱厚熜被迎立，即明世宗嘉靖帝。

論輩分，世宗與武宗爲堂兄弟，如按繼承皇位的要求，他應尊重皇家傳統，稱自己生

父興獻王爲叔父，而尊武宗之父明孝宗爲父。但朱厚熜卻希望尊自己的生父爲皇考，甚至想追封興獻王爲皇帝。由於皇統的問題事先沒有講明，導致朱厚熜即位後朝廷爭論不休，很快，一場政治風波在嘉靖初年上演。

以內閣首輔楊廷和爲代表的一方，主張尊重明朝的皇統；而以朱厚璁等人爲代表的一些大臣，則迎合嘉靖帝私意，要求按照嘉靖的意思行事，明廷上下圍繞這一問題展開了一場史稱「大禮儀」的激烈爭論，延續近二十年。這場鬥爭表面上是禮儀之爭，而實際上，時起時伏，它的實質是朝臣與皇帝、朝臣各派系之間的激烈權力鬥爭。

大禮儀剛剛以嘉靖帝的勝利宣告結束，便發生壬寅宮變，而且與一妃一嬪，即端妃曹氏和寧嬪王氏有關，因此，推測涉及大禮儀，是政治鬥爭失敗者利用妃嬪除掉嘉靖帝的結果。

總之，這次宮變因何而起，正史沒有能夠給出明確的解釋，人們對此只能做出種種估計，但證據都不夠充足，無法使各家看法統一起來。

無冕之王的悲慘命運

路易十七死亡秘事

路易十七（一七八五～一七九五），是路易十六和他的皇后瑪麗·安托瓦內特的第二個兒子。他出生後被封為諾曼第公爵。一七八九，在其兄路易死後成為皇太子，但他從未成為法國的真正統治者。

歷史學家勒諾特爾曾經說過，路易十七死亡之謎就像鰻魚的皮一樣翻來覆去。路易十七究竟何許人也，他的死亡又爲何如此撲朔迷離呢？

路易十七，原名夏爾·路易，是法國波旁王朝國王路易十六的次子，諾曼第公爵。

一七九二年，法國大革命爆發，君主制度一夜之間被推翻，年僅七歲的夏爾與王室其他成

員被統統關入丹普爾監獄。隨後，國王路易十六以勾結外敵破壞革命的罪名被送上斷頭臺，流亡在國外的保王黨人宣布他們擁戴夏爾爲法國新國王，從此夏爾・路易便有了「路易十七」的尊號。但誰都知道，他只是一個無冕的國王。爲了防止王室復辟，革命政權決定將路易十七與家人分開關押，路易被秘密交給一個名叫西蒙的鞋匠照管。雖然鞋匠沒有故意虐待他，但惡劣的生存環境足以使他飽受摧殘。

一七九四年，法國熱月政變，西蒙作爲雅各賓派人被處死，路易十七被重新關進了監獄，這次是坦姆普爾監獄。起初由四名守衛看管。七月廿七日起，單獨囚禁。無人可以進入他的囚室。廿八日，當革命的領袖巴拉斯去看望這個可憐的小男孩的時候，發現他已經重病在身。以後開始給他治療，其生活待遇也稍有好轉，但爲時已晚。

一七九五年六月九日，官方宣布，夏爾・路易因淋巴結核病發，於一天前去世，享年十歲。

但是，由於他短短的生命中最後幾個月的生活情況曾被保密，對他的死亡，人們一直心存懷疑。自一七九五年以來，甚至於在整個十九世紀上半葉，法國便不斷有風聲傳出，說在坦姆普爾監獄死去的是另外一個孩子，真正的夏爾・路易已經越獄逃跑。

早在一七九六年，西蒙的遺孀瑪麗・讓娜・阿拉達姆便說路易十六的兒子、她的「小夏爾」並沒有死，只是被人劫獄救走了。曾經給太子夏爾・路易看過病的讓魯瓦醫生說，

太子身上有三個標記：幾個種牛痘的疤，上嘴唇有一個傷疤，還有一個形狀似鴿子的玫瑰色斑記。然而在坦姆普爾監獄死去的孩子屍體上沒有上述任何一種標記。這一切都增強了人們對路易十七已經死亡的懷疑。

在太子可能遇救的說法流傳開來以後，世界上先後出現了四十多個自稱「路易十七」的人。其中，最令人真假難辨的是一個叫夏爾・紀堯姆・瑙多爾夫的人。

一八一一年，人們發現他在柏林，當時他的身分是一名鐘錶匠。過了不久，他被牽連到一樁僞造鈔票的案子裏，爲了逃避拷打，瑙多爾夫自稱是王公之子。出獄後，瑙多爾夫對外聲稱自己就是在坦姆普爾監獄裏待過的法國太子夏爾・路易，並於一八三四年來到法國。

據說他一抵達巴黎，便馬上被路易十六的司法大臣和太子的家庭女教師認了出來。但路易十六之弟路易十八並不承認瑙多爾夫的身分，瑙多爾夫於一八三六年被驅逐出法國。之後，他到英國與荷蘭避難，還取得了荷蘭公民權。一八四五年瑙多爾夫死後，荷蘭國王授予他的繼承人「波旁」這一顯赫的姓氏。

一位德國貴族信誓旦旦地說，普魯士王子曾經告訴他，德國檔案中確實有證明瑙多爾夫就是王位繼承人的文件。一個世紀後的一九四七年，法國歷史學家阿・卡斯楚又提出新的證據，他說法醫鑒定瑙多爾夫的頭髮與夏爾・路易的頭髮同屬一人。

當然，也有許多人不相信瑙多爾夫就是生死不明的法國太子夏爾．路易，並提出諸多疑問發難。首先，為了讓人們相信自己，瑙多爾夫曾交出證明法國太子身分的所有文件，但就算路易十七越獄而生，年僅十歲的他歷經磨難之後，又怎麼可能保全證明自己身分的資料呢？

其次，當瑙多爾夫一八三四年抵達巴黎的時候，距離當年越獄已有四十年之久，路易十六的大臣和太子的教師竟然能立刻認出他就是當初那個不滿十歲的孩童，這難道不令人感到不可思議嗎？最後，前面提過的法國歷史學家卡斯楚在後來又改口，稱經過重新鑒定，瑙多爾夫的頭髮與太子的頭髮分屬兩人，而且瑙多爾夫只有一隻手臂種過牛痘，太子夏爾．路易的手臂上卻有兩個種過牛痘的疤痕。這樣瑙多爾夫就是假冒的。

無數次的法庭審判和議會辯論、無數本的歷史著作、無數年的街頭巷語。爭執，只能是無休止的爭執。

然而二〇〇三年初夏，大西洋彼岸的一個消息似乎要為這場無休止的爭執劃上一個句號。四月二十日和訊財經消息說：「DNA檢驗已證實，於一七九五年死在監獄的那個小童就是法國的無冕國王路易十七世。」

在這則報導中，詳細記述了DNA的檢驗過程：檢驗是對心臟進行的。這個心臟由一名獄醫從該屍體取出，後來保存在巴黎郊區聖但尼王室教堂一個水晶甕內。專家從死者心

臟切下一小片，並提取和放大三份線粒體樣本。然後，將樣本和瑪麗·安托瓦內特、死者兩名姨姨（若阿納加迪拉和馬達約瑟法）的頭髮梢，還有其兩位在世母系親戚（羅馬尼亞王后安娜和她兄弟安德列）的基因樣本進行對比。研究報告認爲，這些樣本的ＤＮＡ序列是相同的，研究出錯的可能性極小。

報告說，這種ＤＮＡ序列尚未在數以百計的被測試人員中觀察到。如果檢測結果證實基因樣本的ＤＮＡ序列不相同，那麼可能產生另外兩種結論，一是心臟被調換，二是男童被秘密帶出監獄。經過科學家們幾天的辛勤勞動，最終得出如上結論。

科學家們對自己的研究成果非常自信，然而，最後的定論也許還要有待於更多的機構驗證之後才能得出。我們拭目以待……

曇花一現的帝王

李自成秘事

李自成（一六〇六～一六四六），名鴻基，陝西米脂李繼遷寨人。幼年為牧童，後充銀川驛卒，崇禎二年（一六二九）起事。其有勇無謀，目光高遠，被稱為闖王，更因其「均田免賦」的口號，使起義隊伍日益壯大。曾克汝州、西安等地，崇禎十六年，建大順，號永昌，次年克京師，致明朝覆滅。吳三桂引清兵入關後，被迫撤出北京，於永昌二年（一六四五）被殺於湖北。

明末農民起義著名領袖李自成是馬夫出身，童年給地主牧牛。他於一六四四年農曆三月十九日，指揮農民起義軍由德勝門進入北京城，推翻了統治中國達二百七十三年的明

王朝，開闢了一個歷史新紀元。可是，在山海關戰爭中，農民軍面臨吳三桂所部和清兵的左右夾攻，敗得很慘，四月二十六日撤回北京，四月二十九日，李自成匆匆在武英殿即位稱帝，隨之即將明宮付之一炬，並撤出北京。以後，李自成連連敗北，先後退至保定、山西、陝西西安，再往南經漢中撤至四川，順江東下，於湖北武昌、江西九江被清兵打得落花流水，無法東行，不得不向西南方向突圍，李自成於一六四五年在行軍至湖北通山縣境九宮山時，突遭地方鄉兵襲擊而亡。

李自成死於湖北通山縣境九宮山之說，是目前通行的歷史教科書和工具書的說法，但在歷史文獻記載和學術界，則對此說法持懷疑態度，關於李自成的最後歸宿眾說紛紜，大致有三種關於李自成下落的說法：一是李自成戰鬥犧牲；二是李自成病死或自殺；三是李自成當時並沒有死，而是削髮爲僧。而李自成戰死或病死的地點更是莫衷一是，有湖北通城縣的九宮山，湖北通山縣的九宮山，辰州，武昌，還有黔陽羅公山等不同的說法。

依據何騰蛟的《逆闖伏誅疏》和清將阿濟格的奏報，認爲李自成犧牲於通山。「闖死確有實據，闖級未敢扶同，謹據實回奏事：……闖勢實強，闖伙實眾，何以死於九宮山團練之手？誠其有故；闖逆既死，則宜留首級示信，何以首級竟不可得？亦有其故，請爲皇上陳之……闖果爲清所逼，自秦豫奔楚，淫雨連旬，闖逆困於馬上者逾月……天意亡闖，以二十八騎登九宮山，爲窺伺計不意伏兵四起，截殺於亂刃之下。相隨僞參將張雙喜，係

闖逆義勇，僅得騎馬先逸。而闖逆之劉伴當飛騎追呼曰：『李萬歲爺被鄉民殺死馬下！』二十八騎無一倖存。一時賊黨聞之，滿營聚哭。」

當時，何騰蛟部將趁機讓投降的原李自成屬下，「眾口同辭」道李自成死於鄉兵之手，而因「道阻音絕」，以及炎熱的天氣，其首級「已化為異物」。何騰蛟又說，李自成死於鄉兵之手，純粹是意外情況，鄉兵也是事後才知道圍殲的是李自成。

最後，何騰蛟對農民軍歸順的轉變過程做了如下解釋：「自逆闖死，而闖二十餘萬之眾，初為闖逆悲號，既而自怨自艾亦自失，遂就戎索於臣。逆闖若不死，此二十餘萬之眾，偽侯偽伯不相上下，臣亦安能以空拳徒手操縱自如乎！」（文秉《烈皇小識》附錄），此篇奏疏應該是最為可信的資料。

當時，身為五省總督的何騰蛟只有有限的兵力，圍殲李自成的二十萬大軍是不可能的。同樣，也不是清將阿濟格殺死李自成的。作為清軍圍殲李自成的最高將領，阿濟格首先向朝廷奏報李自成在九宮山已亡，說：「賊兵盡力窮，竄入九宮山，於山中遍索自成不得，又四出搜緝。有降卒及被擒賊兵，俱言自成竄走時攜身步卒僅二十人，為村民所困，不得脫，遂自縊死。因遣素識自成者往認其屍，屍朽莫辨，或存或亡，俟就彼（處）再行察訪。」（《順治實錄》卷十八）。

阿濟格是奉命專力追殲李自成的統帥，何騰蛟是明軍圍殲李自成的最高將領，他們

的奏報應該是有根據，也不至於弄虛作假，從兩人奏報內容看，還是符合實際的，有疑存疑，沒有為了邀功而誇大。此外，如吳偉業《綏寇紀略》、谷應泰《明史紀事本末》、費密《荒書》等野史，均記載李自成被殺也是比較可靠的。尤其是《通山縣志》在李自成死後二十年對李自成死於程九伯之手有明確記載，《程氏宗譜》也詳載程九伯殺李自成的整個過程，並因此得到清朝廷的獎賞。

關於李自成通山縣九宮山之死，不僅在一些官方著作如《東華錄》、《貳臣傳》有這種說法，而且在清初《南疆主義》、清中《小腆紀年附考》、《聖武記》等一些私家著作也做了記錄。

李自成兵敗之後的結局如何，文獻記載莫衷一是。經兩百多年清代眾多學者的考證，拋棄了虛假和錯誤的說法，共同結論是：順治二年五月，李自成在湖北通山被九宮山鄉勇殺害。至於李自成出家為僧的各種說法，清代學者從乾隆年間開始，不斷的批評，認為李自成遁入空門缺乏有力的證據。民國年間，許多知名學者就這個問題進行了更深入的考證，證實了清代學者的考證。

《廣虞初新志》所載《李自成墓》條是「出家」說法所據的最原始的根據，它記述乾隆年間澧州知州親赴石門縣夾山寺事，何磷根據詳細的推理，斷定李自成就是奉天玉和尚，因李自成曾稱「奉天倡義大元帥」，後又自稱「新順王」。並認為李自成使了金蟬脫

殼計，「設疑代斃」，爲了逃避扼守長沙的明將何騰蛟的追殺，便令其妻侄投降，自己則乘機逃走，並圖謀由貴州進入四川，與張獻忠合兵。

其他一些著作中也有此說。徐鼒《小腆紀年附考》記載有李自成夾山爲僧事，說有一七十餘歲老僧，自云「順治初入寺，不言來自何處，其聲似西人，自號」，並斷定李自成就是奉天玉和尚。而據後來發現的野拂所寫的《奉天玉和尚墓前殘碑》和中興夾山祖廷弘律《奉天玉和尚塔銘碑》，根據內容推測，野拂是奉天玉和尚的師父，而且生平與李自成很是相似，也可斷定李自成就是奉天玉和尚，而李過即爲野拂。

這種說法的另一種證據是對李自成被殺的可能性的分析：（一）認爲李自成手下有二十萬大軍，怎會死於鄉兵之手？（二）認爲李被殺，可是首級一直沒有找到。一直令當時的人和後來的人表示疑惑。主張此說的根據不僅有何磷的《書李自成後》爲據，而且還有《直隸澧州志》、《石門縣志》、《米脂縣志》等書。著名學者章太炎也同意這種看法。

到底李自成是戰死，還是入寺爲僧，兩種說法長期以來一直爭論不休，其原因之一是當時的文獻本身存在矛盾的說法，但也有人爲的因素造成的，李自成作爲重要人物，官方、民間、野史各持己見，有些完全是子虛烏有，甚至出於主觀原因妄自虛構，導致現在更加撲朔難辨。

偏狹與勤勉

崇禎斷送大明江山秘事

明思宗，朱由檢（一六一〇～一六四四），明朝最後一個皇帝，年號崇禎。十八歲登位，努力挽救頻臨滅亡的明王朝命運，但明末的吏治已至無可救藥的地步。一六四四年，李自成西安稱王，建國號「大順」。一個月後，李自成攻進北京，崇禎皇帝自殺，明王朝從此滅亡。

明崇禎十七年，李自成率兵攻打北京，大明江山危在旦夕。崇禎皇帝終日憂慮不安。這日，帶上司禮監掌印太監王承恩微服出宮。走著走著，就來到一個測字攤前。他想，測字先生不明我的身分，想來不致欺我，何不在此測一字以問吉凶。

在測字攤上，擺著一個木頭匣子，裏邊有好些個寫好了的字卷。崇禎皇帝往這兒一站，測字先生一看這個人的相貌不俗，便問：「客官測字？」

崇禎道：「好吧。」

測字先生指著木匣說：「請客官選字。」

崇禎一搖手：「我說一個吧。」

測字先生說：「也好。」

崇禎沉思片刻道：「『管駱為友』的『友』字。」

測字先生道：「不知客官欲測何事？」

崇禎道：「國事。」

測字先生把「友」字端端正正地寫在紙上，思索良久，低聲對崇禎說說：「客官若問它事，當作別論，若問國事，恐有些不妙。『友』遮去上部，則成『反』字，再照字形來解，恐怕是『反』要出頭了。」

崇禎這麼一聽，心裏很沮喪，又不甘心，隨著說：「我測的不是這個『友』，是『有無』的『有』。」

測字先生道：「問何事？」

「還是國事。」

測字先生嘆息說：「這個『有』字更爲不祥，您看這『有』字，上邊是一橫一撇，這是『大』字的一半；下邊這個『月』字，是『明』字兒的一半。大明的江山就剩一半了。」

崇禎臉色灰白，近乎絕望說：「我再測一個『酉時』的『酉』。」

測字先生沉吟半晌，低頭不語，最後搖頭道：「按這個字斷，當今皇上不得善終。」

崇禎若一瓢冷水澆到底，問道：「這話如何說？」

邵康節說：「天下數皇上爲尊，您看這個『酉』字，這『酉』字，乃居『尊』之中，上無頭，下無足。『尊』字少頭無尾，據字形看，至尊者將無頭無足。」

這是民間傳說的一段小插曲，不足爲信，還有人說，那個測字先生是李自成的軍師宋獻策。事雖無稽，不過也可以看出當時形勢的峻迫，明王朝已非人力所可挽救。

崇禎十七年四月，李自成攻入北京，明思宗縊死煤山。煤山即今天的景山，位於北京南北中軸線的中心點，其主峰萬春亭是北京古城中軸線上的最高點。這裏曾是元明清三代帝王的皇家禁苑。景山東麓，原有一株老槐樹，傳說爲崇禎皇帝自縊處。此樹現已被砍伐了。過去曾在樹邊立有一石碑，上刻「明思宗殉國處」。後來原跡無存，又補種了一棵樹，換了一塊木牌，上書「明崇禎自縊處」。

歷史記載，明天啓七年八月，熹宗朱由校病故，其弟信王朱由檢繼位，次年改元，是爲崇禎。弟代兄位，承接下的是一個爛攤子。崇禎繼位後，朝廷內外都被閹宦魏忠賢及其黨羽所控制。崇禎不露聲色，即位未久便粉碎了閹黨，臣民讚頌不已，譽爲「神明自運，宗社再安」。既而又下詔，撤罷各鎭內臣，以杜絕宦官亂政之門。

在位十七年，他一直勤政理事，節儉自律，不近女色，史志稱其「雞鳴而起，夜分不寐，往往焦勞成疾，宮中從無宴樂之事」。講勵精圖治，崇禎是朱元璋以後明代十六位君主中最突出、最言行一致的一個。

崇禎繼位沒多久，十七歲的時候，能夠以相當的老練和果斷剷除魏忠賢及其黨羽，十分的不容易，絲毫不比康熙剷除鰲拜遜色。崇禎的勤勉是中國幾千年皇帝史上罕見的。雖然皇帝不是只靠勤勉就能當好的。他面對局勢嚴重時，一而再、再而三的向天下發「罪己詔」，反省錯誤，招納賢才，哀嘆「朕非亡國之君，臣皆亡國之臣」。

但這樣一個勤政理事，並力圖有所作爲的皇帝，怎麼斷送了明朝兩百多年的江山？實在讓人難以理解。

《明史》這樣評價崇禎：「帝承神、熹之後，慨然有爲。即位之初，沉機獨斷，刈除奸逆，天下想望治平。惜乎大勢已傾，積習難挽。在廷則門戶糾紛。疆埸則將驕卒惰。兵荒四告，流寇蔓延。遂至潰爛而莫可救，可謂不幸也已。然在位十有七年，不邇聲色，憂

勸惕勵，殫心治理。臨朝浩嘆，慨然思得非常之材，而用匪其人，益以僨事。乃復信任宦官，布列要地，舉措失當，制置乖方。祚訖運移，身罹禍變，豈非氣數使然哉。迨至大命有歸，妖氛盡掃，而帝得加謚建陵，典禮優厚。是則聖朝盛德，度越千古，亦可以知帝之蒙難而不辱其身，爲亡國之義烈矣。」意思是明亡是積弊所至，非關人力，且對崇禎多揄揚之辭。這一評論大體中肯，但明亡也有崇禎自毀長城、所用非人的結果。

崇禎在位十七年，換了五十個大學士，十四個兵部尚書。他殺死或逼得自殺的督師或總督，除袁崇煥外還有十人，殺死巡撫十一人、逼死一人。他責備「臣皆亡國之臣」，難道真的是手下沒有忠君愛國的人才嗎？

事實上，我們知道的明朝可用之才還是有很多的。軍事才能極高的有袁崇煥、孫承宗、洪承疇、乃至後期的吳三桂，這些都是難得的將才，如果能夠給他們必要的信任和權力，足以抵擋住滿清的進攻。政治上更不用說，大批的明朝降臣爲滿清效力時，能夠提出正確的國策。尤其是洪承疇，他的政治才能很高，滿清的進駐中原，穩定江山和他的戰略有很大的關係。只不過是崇禎缺乏用人的才能而已。

崇禎患有嚴重的自大狂和精神衰弱，沒有安全感，器度也顯得不夠，齜睚必報。宋高宗殺岳飛是想偏安，而崇禎誅袁崇煥則是因爲不能忍受袁在主持薊遼防務時的一些權宜的作法，認爲侵犯了他皇帝的主權，而非中了皇太極的反間計。自袁被殺之後，薊遼軍區的將領們開始一個個帶著部隊降清。

我們不妨把目光透入明朝滅亡的最後幾天，也許只有在真實的感性的歷史回溯中，才可看到崇禎作爲一個亡國之君的真實的一面，他的掙扎、無奈、絕望……

儘管人們批評崇禎帝缺點很多，在最後關頭的自殺過於消極，但他確實在繼續設法保衛北京，雖然這可能是徒勞的。他曾下令徵召民兵，並通過木版印刷的聖旨佈告天下：「各路官兵，凡忠勇之士，倡義之王，有志封拜者，水陸並進。」同時，他派遣部分京城守軍開到城外紮營，其餘的派往各個城門；各城門還設置了路障並安放了葡萄牙大炮，以加強防守；又把宦官武裝起來，令其把守通往紫禁城的主要道口。皇上甚至還挖出深藏地下的並不豐裕的內帑儲備，以供太監杜勳招募一支軍隊，協助總兵唐通守衛居庸關。

但這些準備沒有一項足以震懾敵軍，也沒有使北京的百姓振作起來。那道徵召民兵的聖旨未能傳到京郊以外，負責京城四周十五英里長城牆的巡守士兵嚴重不足，以至每名士兵必須獨自守衛三十英尺的城牆。各官府的屬吏已不再聽從命令，「而小民敢於抗上」。在朝廷最高層，欽天監官員奏報，四月十日——即作出固守京城之重大決定的這一天——象徵皇帝的北極星下移。

崇禎帝顯然未理會這一凶兆，還「詔百官修省，而大僚職官飲酒高會，如太平時。」四月廿二日，皇上照例主持早朝，並將議題轉到軍餉問題上來。正當他們討論爲居庸關守

軍增撥給養時，一名信使闖入殿中，呈上一份只能由皇上拆閱的密封急件。崇禎覽之色變，久之，起身入內，諭各官退下，始知昌平已經失守。

明廷的情報十分糟糕，兵部四天前曾派出一隊探子前往昌平，但全都被俘獲並殺掉了。有時情報還被耽擱或隨便交與他人傳送。一六四四年二月十六日，李自成正式對明朝宣戰，而直到四月七日，消息才送到皇上手中。原來的送信人在途中病倒，遂雇了一名明軍士兵代其送信。當這名士兵將情報送到後，兵部得知李自成已擅稱尊號，大驚失色，於是殺了送信士兵以防洩露，盡可能久地將此情報扣住。

而李自成卻有一套傑出的情報系統，他利用山西的商人、店主、算命先生、衙吏等在京城內做密探，通過信使騎馬回來向他報告。

四月廿一日，杜勳和唐通讓大順軍通過了居庸關。眼下，大順軍已佔領了紫禁城西北六十五公里處的昌平。朝廷上下一片驚恐。大臣們「但相顧不發一論」。儘管他們普遍意識到大順軍正在步步進逼，但直到此刻他們才意識到，李自成拿下京城已近在眼前。

次日一早，即四月廿三日，崇禎帝主持了最後一次正式朝會。他步入大廳，登上寶座後，環顧群臣，不禁潸然淚下，「諸臣亦相向泣，束手無計。」皇上所能做的只是擬定一份詔書，宣布：「文臣個個可殺。」既而又有大臣以可能有損官民士氣爲由，勸皇上收回了此詔。

據說花燈節期間，北京城門一直大開，李自成的密探攜帶黃金混進了京城，他們用這些錢買通了京師炮隊將領。皇上曾考慮動員北京市民上城抵抗義軍，但戶部侍郎吳履中認爲這樣會加劇百姓的恐慌心理，勸阻皇上放棄了這一念頭。

李自成大軍的前鋒正策馬深入北京西郊，午後即開始攻打西直門。李自成軍與城牆保持一定距離，在炮火射程之外，因此，當守軍開火時，他們可在炮火槍彈到來之前看到槍炮口冒出的硝煙，從而及時地躲避開來。城外守軍立刻向大順軍投降，城內守軍則向空地或義軍上空開炮。而李自成也並未下令全力攻城，他害怕承擔殺君的罪名，於是決定給崇禎皇帝最後一次投降的機會。已在居庸關投降義軍的宦官杜勳奉命進城，代表「大順王」入宮談判。

崇禎帝接見了這位太監，他曾是皇上的親信。首輔魏藻德也在場。杜勳在其原來的主人面前十分坦率地說明了交換條件：明朝封李自成爲王，賜銀一百萬兩，承認陝西和山西爲其封國；李自成則負責平定國內其他起義軍，並爲明朝抗擊滿清，保衛遼東。

這些條件很有誘惑力，但崇禎帝聽杜勳逐條闡述時，也考慮到，現在的讓步，在將來的正統史家眼中，會永遠成爲他曾「偏安」的證明。不過，如果他能在大臣中爲此綏靖策略找到支持者，對他的指責便可減輕。於是他轉向魏藻德問道：「此議何如？今事已急，可一言決之。」

魏藻德卻一言不發，皇上頓感不快，再次問道：「此議何如？」魏藻德仍沉默不語，拒絕爲此決定分擔責任。皇上氣得發抖，轉身打發了杜勳。

杜勳剛一離開，皇上就當著魏藻德的面猛擊龍椅，並將其一把推倒。魏藻德慌忙退出，談判之事遂再未提起。

當晚，李自成的軍師矮子宋獻策占卜星象，說是若明日下雨，則此城必破。次日早晨，即四月廿四日，李自成醒來後，見外面下著濛濛細雨，遂下令部隊準備進城。他也將營帳移至彰儀門外，太監曹化淳爲他打開了城門。至夜幕降臨時，李自成的軍隊已逐漸佔領了南城。崇禎帝知道，在大順軍攻入紫禁城之前，留給他的時間已不多了。

這日酉刻，崇禎遣內監密敕新樂侯劉文炳、駙馬鞏永固，各帶家丁護送出城南遷。又召首輔魏藻德言事。

不久，事情更加緊急，崇禎哭著對周皇后說：「爾爲國母，理應殉國！」周皇后泣道：「妾侍陛下十有八年，未蒙陛下聽妾一言，致有今日，今陛下命妾死，妾何敢不死？」她撫慰了三位皇子，便回到她的房中自縊而死。

皇上看到她的屍體，連說：「好、好！」一邊的袁妃起身就走，崇禎拔劍追上，劍刃砍到袁妃肩，袁妃沒有倒下，還在往前跑，第二次砍去，她仆倒在地上，但未立刻死去，就連刺了她三劍，直到手栗而止。

又召長公主到來，長公主年剛十五，崇禎亦流淚道：「你何故降生在帝王家？」欲刃之，手不能舉，躊躇很久，遂「左袖掩面，右手揮刀，公主以手格，斷左臂」，公主暈絕地上。並刃坤儀公主於昭仁殿。

崇禎召九門提督京城內外太監王承恩，命酒與承恩對酌。時漏下三更，攜承恩手，到他家裏，脫黃巾，換上平民衣服，手持三眼槍，隨從太監數百，走齊化崇文二門，欲出卻被軍士阻止。齊化門守城軍還疑他為奸細，弓矢下射。在正陽門，崇禎見到的是陣地已完全被丟棄，掛著三隻白色燈籠，為李自成軍發信號。崇禎愴懼還宮，易袍履與承恩走萬壽山，咬破手指以血寫遺詔，藏入衣襟，然後自縊，年只三十五歲。

太監王承恩與帝對縊，時為崇禎十七年甲申三月十九日。

據史景遷《中國皇帝：康熙的自畫像》記載：康熙帝召見過一些崇禎時期在宮內服務的老太監，談到他聽說崇禎帝曾假扮平民，攜數名太監投其叔父之宅，但其叔父閉門觀變，崇禎帝遂不得入。後崇禎帝想要逃走，太監王承恩說，出逃只能徒增羞辱，皇上乃自殺。

崇禎帝最後的行為舉止頗有尊嚴，酒量也被減到最低限度。他給成國公寫完信後，因命進酒，連飲數觥，嘆息：「苦我滿城百姓。」崇禎帝尤其痛恨魏忠賢。在北京陷落前五天，他曾密令將魏忠賢的屍骨收來燒了，但此令未被執行。

直到最後時刻，崇禎帝還在爲明朝的覆滅責備其大臣。很多當時人的記載中都強調了崇禎帝被遺棄的情況。

四月廿五日晨，皇上看到竟無一人上朝，他說道：「諸臣誤朕也，國君死社稷，二百七十七年之天下，一旦棄之，皆爲奸臣所誤，以至於此。」

當他到了煤山時，據說他又嘆息道：「吾待士亦不薄，今日至此，群臣何無一人相從？」最後，據說在用腰帶自縊之前，皇上寫下了一份遺書，其文如下：

「朕自登極十七年，逆賊直逼京師，雖朕薄德藐躬，上干天咎，然皆諸臣之誤朕也。朕死無面目見祖宗於地下，去朕冠冕，以髮覆面，任賊分裂朕屍，文武可殺，但勿劫掠帝陵，勿傷百姓一人。」

實際上，三天後，當一位宮廷內侍在煤山一棵松樹下發現崇禎帝的屍首之時，並沒有這份遺書。在穿著藍綢袍和紅褲子的橫陳屍體旁，只有崇禎手書的「天子」二字，並沒有其他文字。然而許多當時的史家並未顧及這一點，仍然記下了崇禎帝這篇被推想出來的遺言。

一位當時人寫道：「然有是君乃有是臣，而曰朕非亡國之君，天下萬世其誰信之。」

十九世紀的藏書家和詩人吳騫評論：「讀史者謂明之亡也，有君而無臣，以思陵非亡國之君也。」

巨星之殞落

拿破崙死亡秘事

拿破崙（一七六九～一八二一），出生於科西嘉島，法國軍事家與政治家，法蘭西第一共和國第一執政，法蘭西第一帝國皇帝。一七九三年，拿破崙成功擊敗進攻法國的英國艦隊，因此受到法國「革命政府」倚重，以廿四歲的年紀被任命為准將。一七九六年，廿六歲的拿破崙被任命為法國義大利方面軍總司令，開始展現他非凡的軍事才華，更逐漸將法國帶至一個盛況空前的輝煌時代。

如果乘船在南大西洋穿行，經過幾天的疲勞，你也許會突然發現在遙遠的海邊，一座小島高聳入雲，充滿神秘色彩。隨後，一座戒備森嚴、帶有雉堞的堡壘會湧入你的視野，

它險峻陡峭，巍峨高聳，瞭望塔和城牆插向大海。你不禁為之驚歎，你以為自己發現了新大陸，然而你不知道早在兩百年前，有一位世界著名的人物在這裏渡過了他人生的最後五個春秋。他就是曾經橫掃歐亞大陸、赫赫有名的拿破崙一世。

從一八一五年冬天到一八二一年初春，拿破崙青年的豪氣已完全被消磨殆盡，他成了一位看上去極其普通的老人，頭髮花白又有點凌亂，衣服樸素還不太整潔。他時而沉思，時而長嘯，時而和小女孩一起做遊戲，時而和園丁們一起修剪花木。然而有一天，當人們早上起來散步的時候，這個熟悉的身影再也沒有出現，他死了，默默地過完了他一生中最後的幾年。

官方對他的最後的日子是這樣描述的：

一八二〇年末，心理上的毀滅加上胃部的病變，拿破崙的健康每況愈下，他往往幾個小時沉默不語，忍受著來自胃部的劇烈疼痛，病痛發作越來越頻繁，發燒、嘔吐、胃部及肩部疼痛使他苦不堪言。他開始意識到自己活不了多久了，便對身邊的人說：

「在過去的那些日子裏，我是拿破崙。但是，現在我一無所有，我的體力、我的智力都離開了我。我不能再活下去了。」

一八二一年五月四日這一天夜裏，他不停地呻吟，顯得異常痛苦。他喃喃自語：「誰在後退……軍隊首領……衝鋒……」這天夜裏，島上掀起了最猛烈的風暴。第二天，拿破

崙停止了呼吸。

拿破崙死後，根據他的遺囑，對他的屍體進行了解剖，有六名英國醫生和十名英、法兩國官員在場。雖然醫生們最終提交的四份解剖報告並不完全一致，但是有一點是肯定的：拿破崙胃裏靠幽門的地方有一處潰瘍。也就是說，拿破崙死於胃癌。有關人員通過對拿破崙家族病史的研究，還為這種論斷提供了佐證，那就是拿破崙的父親就死於胃癌。

拿破崙生前也曾認為自己很有可能會患胃癌，並且在向別人談起自己的身體時，總是帶有玩笑的口氣說：「癌症是內部出現的滑鐵盧。」

可是當時許多人，特別是法國人，並不相信英國人公布的這一驗屍結果，他們認為這個結果隱瞞了一些史實。許多年後，人們發現果然英國人在驗屍報告上做了手腳。當時有一個醫生發現拿破崙的肝臟異常腫大，懷疑他也可能死於肝病。因為島上的氣候不好，肝病流行，再加上新總督對拿破崙故意隱瞞了這一可能性，避免英國政府遭到各方面的指責。

一九八二年，瑞典醫生、毒藥學家斯坦・福舒夫伍德出版了一本名為《誰是殺害拿破崙的兇手》的書，立刻在全世界引起了轟動。在書中，作者把拿破崙的死因歸為「慢性砒霜中毒」。因為一八四〇年十月，法國人將拿破崙的遺體從聖赫勒那島運回巴黎，準備安葬在巴黎塞納河邊的榮譽軍人院。據說，當拿破崙的棺材被打開時，人們發現拿破崙雖

然在土中掩埋了二十多年，卻完好無損，因爲砒霜這種劇毒物品可以要人命，也可以保護遺體。後來他們還設法弄到了幾根拿破崙的頭髮，發現其中砒霜的含量高於正常值的十三倍。

這結論似乎已被大多數人所接受了。那麼誰是兇手呢？人們發揮著無窮的想像力。有人認爲是駐島英國當局所爲；有人認爲砷來自於拿破崙居室內的壁紙；還有人認爲拿破崙就是死於胃癌。有關人員進一步研究，還發現拿破崙身邊的隨行人員中，有一個名叫蒙托隆的人最爲可疑，他可能受法國波旁路易十四之弟的指示，潛伏在拿破崙的身邊，向拿破崙專飲的葡萄酒中不斷投放小劑量的砒霜，而導致其慢性中毒死亡。

最近，關於拿破崙的死因又有了一種新說法，那就是拿破崙是因「愛」而被毒死的。提出這種說法的是法國著名歷史學家弗朗索瓦．德．孔戴．蒙托隆，他是隨拿破崙流放到聖赫勒那島上的法國將軍夏爾．特里斯坦．德．蒙托隆伯爵的後人。

近三十年來，德．孔戴．蒙托隆一直對拿破崙在聖赫勒那島上度過的最後日子進行潛心研究。他在巴黎出版了一本新書，題目爲《被解的拿破崙之謎》。在該書中，德．孔戴．蒙托隆說，他在自家祖傳的宅院中偶然發現了一個暗室，暗室裏藏有其先人德．蒙托隆伯爵撰寫的一部關於聖赫勒那島生活的手記。

此外，另一些歷史學家還發現了伯爵與同時流亡到島上的古爾戈將軍合寫的八卷回憶

錄和一些信件，其中一封信可能就是拿破崙的親筆信。這些歷史文獻再一次證實了拿破崙被毒死的說法，但兇手並不是傳說中的英國人，而是拿破崙的忠實隨從——德·蒙托隆伯爵。

伯爵在手記中說，他在聖赫勒那島上經常給拿破崙吃含有小劑量砷的藥。伯爵說，他此舉不是爲了暗殺拿破崙，而是出於「愛」。他希望通過給拿破崙服食毒藥，使「偉大的皇帝」發病，身體日漸衰弱，從而最終促使獄卒能允許拿破崙返回歐洲大陸接受治療。

但這個計謀爲什麼沒有能夠實現呢？歷史學家德·孔戴·蒙托隆推測，拿破崙一直認爲自己胃部有腫瘤，爲了減輕胃部疼痛經常服用止痛藥，從而使止痛藥與砷發生了致命的「化學效應」，最終使他命喪黃泉。如果再讀一遍關於拿破崙在一八二一年四月二十日至五月五日這段日子的歷史記載，人們將更加相信死於砷中毒之說。

記載說：那時，拿破崙的胃部腫瘤嚴重惡化，已無法吃任何食物，體力迅速衰弱，像是「被一種極度的饑渴所吞噬」。但是到五月四日拿破崙尚未出現病危狀況，那天，他居然還吃下了一些東西，喝了點糖水，並且沒有像往常那樣，進食後馬上就嘔吐出一種被醫生稱爲「巧克力狀」的東西。一些醫生認爲，嘔吐巧克力狀的東西和病情的突然惡化，都使人們聯想到了砷中毒的症狀。

但疑問還是不斷有人提出。拿破崙是一個戒備心極重的人，他會如此不小心被害？在開往聖赫勒那島的船上，拿破崙也拒絕立即享用他最喜歡的食品，只有在他的大臣們親口吃過一小時後，他才開始品嘗。被拿破崙拋棄的皇后約瑟芬也曾說過：「皇帝覺得周圍的東西全有毒。」如果拿破崙真是死於中毒，他又真是如歷史學家德・孔戴・蒙托隆所說的那樣，是因「愛」而被毒死的嗎？

看來，關於拿破崙的死因，人們還要繼續爭論下去。

法國的經典甜品千層派，亦被稱為拿破崙派，其名稱由來據說也和拿破崙有一些關係呢。其中一種說法是，十八世紀時，拿破崙及王后約瑟芬十分鍾愛一個御廚，他所製作的甜點，被法國美食家譽為是藝術與美食的結晶，其中的千層派更是拿破崙的最愛甜點，因此便以其名字命名。

還有一種說法，十七世紀時，巴黎有個糕點師傅，自誇自己搓麵皮的技術無人能比，於是有人和他打賭，要他做出一個一百萬層的派，糕點師傅接受了這個挑戰，整

整作了五天五夜才完成這個號稱百萬層酥皮的派。

但是，他最後到底做了幾層，沒有人知道，因為法國人都知道拿破崙很矮，所以，大家為了要諷刺這個不知道到底有幾層的「一百萬層派」，所以就稱它為「拿破崙派」了。

世界上最奇妙的改造者

腓特烈二世秘事

腓特烈二世（一七一二～一七八六），史稱腓特烈大帝。是歐洲史上最偉大的名將之一，而且在政治、經濟、哲學、法律等方面都頗有建樹。統治時期，普魯士軍力大規模發展，領土大舉擴張，使普魯士在歐洲大陸取得霸權，並向統一德意志的道路邁出第一步。

西元九六二年，德意志國王、薩克森王朝的奧托一世，在羅馬由教皇約翰十二世加冕，成爲羅馬的監護人和羅馬天主教世界的最高統治者。德國從一一五七年起，開始進入了偉大的德意志民族神聖羅馬帝國統治時期，這一時期也是德國極爲繁盛的時期，其疆域

之大包括近代的德意志、奧地利、義大利北部和中部、捷克斯洛伐克、法國東部、荷蘭和瑞士。如此的強大離不開各位帝國君主的勤勉治國，西元十三世紀的腓特烈二世是其中尤爲卓著的一位。

腓特烈二世是「紅鬍子」腓特烈一世的孫子，亨利六世的兒子。他出生於一一九四年十二月廿六日，母親是西西里國王羅傑二世的女兒康斯坦絲，在四十二歲時才生下他。

他走上權力頂峰的歷程並不平坦。他自幼就父母雙亡，是在不受重視，甚至可以說是貧困中長大的，以至於這位無人照顧的皇室遺孤常常得到巴勒莫一些稍具憐憫心的公民的幫助。在那些人種混雜的首都街道市場上，無人嚴管的他自由遊蕩，隨心所欲地結交朋友，從其所見所聞中學習了阿拉伯文、希臘文以及一些猶太人的典故，熟悉了不同的種族、服飾、風俗、信仰，成爲一個知識精深博大的人。

那時的西西里有許多阿拉伯人、希臘人和諾曼人，伊斯蘭教和基督教在那裏共存，是東西文化交匯的地方。他從小在西西里長大，死時也在西西里，一生熱愛西西里。

腓特烈二世在做爲德意志皇帝長達三十八年的時間裏，他只在德意志待過十年，大部分時間都在西西里。

一一九六年十二月，諸侯們在法蘭克福推舉他爲國王，腓特烈成爲西西里國王，即「羅馬人國王」，第二年五月舉行了加冕儀式。翌年九月，腓特烈的父親亨利六世正要出

海進行十字軍遠征時，死於痢疾，年僅三十一歲。

父親死後，德意志諸侯選士瓦本的菲立普爲國王，母親不得不將他送回西西里。四歲時，母親康斯坦絲去世，教皇英諾森三世成了他的監護人。一二〇九年，腓特烈與阿拉貢的康斯坦絲結婚。康斯坦絲從西班牙帶來了一批騎士，在他們的扶助下，腓特烈二世很快挫敗了當地貴族的陰謀叛亂，控制了西西里的局勢。

一二一二年三月，他準備返回德意志爭取自己的地位，臨行之前，爲他只有一歲的兒子加冕成爲西西里國王，稱亨利七世。他以迅雷不及掩耳之勢征服了德意志南部，十二月，腓特烈二世再次被推選爲國王，幾天後舉行了加冕大禮。

一二一四年七月，腓特烈二世在布魯汶打敗了奧托四世，使他在德意志的地位更加鞏固。在複雜的政治、軍事形勢中，經過艱辛的努力，西元一二二〇年十一月二十日在羅馬聖彼得大教堂，腓特烈二世由教皇加冕爲神聖羅馬帝國皇帝。

腓特烈在動亂時代長大，飽嘗地方割據混亂紛爭的痛苦。他深知沒有一個強有力的政權，對普通百姓所造成的傷害和災難是無法估量的。這些都使他確信沒有強有力的中央政權，沒有一個好的集權政府，人們將因犯罪、無知和戰爭而毀滅自己或他人，最終導致貧困和動亂。他認爲社會有一個良好的秩序是非常重要的，秩序較人民的自由更具價值，並認爲有能力維持秩序的統治者得盡享一切榮華，有點類似中國古代孟子所說的「勞心者治人，勞力者治於人」。

鑒於此，他制定統一的法典，剝奪各諸侯貴族的立法、司法及鑄幣的權力，削弱教會的勢力，而將這些權力集中在國家手裏，顯示出開明專制主義和中央集權制度的萌芽思想。對科學的興趣，使他擁有了先進的思想，對基督教產生了懷疑。他在出行時，身邊的扈從都是伊斯蘭教教徒，而不用那些基督教的人，宛若一個東方國王，被人稱作世界奇觀。

爲了使統一強大的國家更加莊嚴神聖，而無須依賴敵視他的基督教，他力圖恢復古羅馬皇帝所擁有的威嚴與光榮。在他所督造的精緻的硬幣上，打破常規，沒有印上任何基督教字樣，只刻著「羅馬帝國凱撒奧古斯丁」，反面是羅馬鷹，周圍環繞著他的名字。他還告諭他的臣民，皇帝在某種意義上就是上帝的兒子，他制定的法律就是神聖正義的法典化。腓特烈二世將君權進一步集中，並賦予了神化的意義。

那些信奉基督教的人則認定他是異教徒的化身，稱他爲「敵基督者」，因爲腓特烈二世對於擁有世俗權力的教皇，公開地敵視。在平定義大利各地的叛亂中，他發佈改革宣言，譴責教士恣意放肆，橫行霸道，搜刮財富，並告訴人民這些教士虔敬的心卻在逐漸消失，他們口是心非。在西西里——他的老地盤，他沒收教會的財產來支持其戰爭，發展文化藝術事業。

他一個城邦一個城邦地平定叛亂，並從每一個城市帶走基督徒作爲人質。目的是如果這些城市再發生叛亂，他就將這些人質亂刀砍死。在所虜的犯人中，如果發現有人是教皇的信差，就砍掉他們的手足。基督徒的眼淚和威脅很容易說動一些善良的信徒，但信仰伊斯蘭教的阿拉伯人不易爲其所動，腓特烈二世就故意利用他們作劊子手來處罰他們。

腓特烈儘管沒有像後來的君主一樣受過正規系統的教育，卻博學多才。他可以用阿拉伯文和卡米通信，用希臘文和他的女婿通信，用拉丁文和西方世界通信，能說九種語言，寫七種文字。他還和他的同伴一起將羅馬古典文學翻譯成拉丁文形式，他們熱切地探尋並效法古典文學的精神，幾乎預示著文藝復興的人文主義的到來。腓特烈二世還是個詩人，經常作詩，據說他用義大利文寫的詩曾經受到但丁的讚賞。

腓特烈二世非常喜歡讀書，是個近視眼，有人說他經常像蛇一樣地凝視別人。他具有強烈的求知欲，博覽了許多阿拉伯文和其他文字的重要著作。他不僅向宮中的學者質詢科學及哲學問題，也向遠在埃及、阿拉伯、敘利亞和伊拉克的許多學者求教。他贊成解剖屍體，並擁有令人驚異的解剖學知識。

他對科學和哲學非常重視，同時也愛惜人才，曾說服埃及蘇丹將一個非常著名的數學家哈尼非送給他，他還與當時基督教世界中最偉大的數學家費伯納西關係密切。他並不是空頭的理論家，也經常把理論應用於實際。然後根據實際狀況，制定相關的法令和政策。

比如說他根據在動物園觀察動物交配期及飼育期所作的記錄，來制定禁狩獵期的有關法律。

同時，他也是一位有遠見卓識的國王，爲避免四周學者的學問隨著他的離世而消失，腓特烈在西元一二二四年，建立了一所那不勒斯大學，這是中世紀不受教會約束的爲數不多的大學。在這所大學裏，他不僅高薪聘請在科學及各種藝術方面有高深造詣的學者來任教，還設立獎學金以使那些家境清寒而優秀的學生得以就學。

腓特烈二世還將伊斯蘭教與猶太教的科學家及哲學家請到自己的宮廷及大學中，酬以鉅款，要他們將希臘及伊斯蘭教的科學古籍翻譯成拉丁文，以便流傳於後世。

他大力引進人才，也非常擔心人才外流。爲防止人才朝外流，他禁止在他統治的區域的青年到別處接受更高等的教育，並採取了相應的措施。在那個年代，他還曾希望那不勒斯能很快成立一所法律學校，以訓練公共行政人才，從而爲國家更好的服務，使人民的生活品質更上一層樓。

腓特烈對他所統治的地方，在一定的限度內，實施宗教信仰自由的政策，儘量做到使不同教派的人能和平共處。他與聖徒方濟各的一段交往很有傳奇色彩。

一二二一年，聖徒方濟各從聖地朝聖回來，腓特烈二世請他到自己的城堡裏作客。像佛祖考驗唐僧一樣，在晚上，他讓一個漂亮嫵媚的女子去引誘聖徒。結果方濟各擔心自

己受不住該女子的誘惑，用燒紅的煤塊鋪在身下，來克制自己的欲望。腓特烈二世大為吃驚，打發走了女子，他和方濟各長談了一夜。

他們談教會的腐敗，也談到與伊斯蘭教的關係等等。儘管他不允許希臘東正教徒在大學裏任教，在政府部門裏任官職，但是他們都能平安無事地舉行其宗教禮拜。但他又要求伊斯蘭教徒及猶太人必須穿著他們自己的服裝，以便和基督徒有所區別。他對猶太人的政策相對來說還是比較寬鬆的。

在腓特烈二世的宮中不僅有幾位猶太學者，而且他能正確公允地對待他們。西元一二三五年，有一個在福達居住的猶太人被控告了，控告者說這個猶太人在儀式中殺死了一個基督徒小孩，並殘忍地吸取了他的血。他知道這是有人故意陷害這個猶太人，所以不予受理，並譴責這僅是一個殘忍的傳說。

由於他的長期有效的統治，在歷史上有人稱讚他為「歐洲第一等的人才」，也有的人稱讚他為「世界上最奇妙的改造者」……實際上，歷史上的腓特烈對後世的影響不僅僅表現在政治上，而且還有他的個性與思想。他睿智的思想與鮮明的個性深深地影響了文藝復興時代的人文主義者和哲學家，所以被譽為文藝復興時代前一世紀的「文藝復興者」。

後來的歷史學家們認為，腓特烈的個性與思想，比在文藝復興時代那些專制君主們剛健狂妄的才智表現還要略勝一籌。那些專制君主們儘管比他生活的時代更繁榮，卻沒有腓

特烈所具有的優雅與風度。在腓特烈的時代，真知灼見不時閃現，各種思想空前活躍，科學理性的思想代替了自然感性的信仰，古代科學、哲學典籍代替了《聖經》，真理代替了上帝，實驗代替了武斷。也許正因爲如此，腓特烈被認爲是文藝復興時代前一世紀的「文藝復興者」。

但是腓特烈畢竟生活在基督世界裏，他的自由思想不可避免地打上了時代的烙印。在他患痢疾病倒時，他竟然要求教皇赦罪，最終獲得寬恕。但去世時，這位自由思想者穿著的依然是僧侶的長袍。

登峰造極的擅權

康熙智殺鰲拜秘事

鰲拜是滿族瓜爾佳氏人，是開國元勳費英東的親侄，生年不可考，隸屬清太宗皇太極直轄的鑲黃旗，年輕時常常隨皇太極征戰，驍勇善戰，軍功卓著，因而深得皇太極寵眷。

一六三七年，皇太極發兵進攻明朝重地遼寧皮島，貝子碩托、武英王阿濟格率軍多次進攻未克。在軍情危急時，年輕的鰲拜挺身而出，立下軍令狀：「不得此島，勿復見王」，戰鬥時，鰲拜冒矢石勇敢搏戰，躍登城牆，強行登島成功，然後率先舉火引導後續部隊衝上該島。

鰲拜此役首功，超升三等男爵，賜號「勇士」，後又擢升爲鑲黃旗護軍統領，成爲清王朝的主要將領。

皇太極病故後，在議立新君之時，英郡王阿濟格、豫郡王多鐸、郡王阿達禮、貝子碩托等王公貝勒，欲圖擁立睿親王多爾袞，兩黃旗中多數大臣欲擁立故主之長子肅親王豪格，索尼、鰲拜等八大臣至肅王府中秘密議定擁立肅王。

八月十四日，八旗王公大臣於崇政殿集會商議立君，索尼、鰲拜等兩黃旗大臣於大清門盟誓，令兩旗巴牙喇兵張弓挾矢，環立宮殿，兩黃旗大臣進入崇政殿，索尼、鰲拜首先倡議擁立皇子，說：「吾等屬食於帝，衣於帝，養育之恩，與天同大，若不立帝之子，則寧死從帝於地下而已。」

在索尼等以「兵諫」來威逼諸王必立皇子的壓力下，多爾袞放棄了繼兄爲帝的打算，建議立皇太極第九子六歲的福臨爲君，自己與鄭親王濟爾哈朗攝政，才平息了這場即將爆發的八旗諸王相戰的烈火。

多爾袞當上攝政王後，索尼、鰲拜、遏必隆繼續效忠幼主，「終不附睿王」，「不惜性命，與之抗拒。」多爾袞勃然大怒，盡革索尼所有官職，籍沒，免死贖身，黜爲民，徙居盛京昭陵，其兄弟子侄任待衛者，一律革退。鰲拜降一等男，兩次定罪論死，罰銀贖身。遏必隆被籍沒家產之半，革世職。

因爲鰲拜等冒死力爭，擁立順治，付出了重大代價，因此順治親政以後，立即對他們委以重任，官復原職，並加官晉爵。其中鰲拜晉爲二等公，任領侍衛內大臣、議政大臣，加少傅兼太子太傅。

順治十八年正月，順治帝去世，年僅八歲的皇三子玄燁繼位，是爲康熙。順治死前留下遺囑，任命自己最信任的索尼、蘇克薩哈、遏必隆、鰲拜四人爲輔政大臣，輔佐年幼的康熙。康熙年幼即位，朝政盡歸輔政四大臣管理。入關之前，索尼等四人官職並不高，其所以能一躍而爲主持軍國要務的輔政大臣，主要是因爲他們堅決效忠於皇太極和順治，反對多爾袞圖謀爲帝。

這四大臣中，索尼是四朝元老，資格最優，人品也頗公正。遏必隆、蘇克薩哈勳望較卑微，凡事俱聽索尼主裁。但索尼年老多病，管不了多少事。鰲拜在四大臣中位於最末，只因他隨征四方，自恃功高，橫行無忌，朝中文武官員多半都怕他，連索尼都不放在他眼中，他想把索尼諸人一一除掉，趁康熙年幼，好獨攬大權。只有蘇克薩哈不服，經常和鰲拜爭論。因此鰲拜暗中設法，先從蘇克薩哈下手。

蘇克薩哈是正白旗人，鰲拜是鑲黃旗人，順治初年，睿親王多爾袞曾把鑲黃旗應得之地，給了正白旗，另給鑲黃旗右翼地，旗民安居樂業，已二十多年。鰲拜藉口多爾袞「欲住水準府」，將鑲黃旗應得之地給予正白旗，以壞地換好地，使本旗鑲黃旗領得田地十分

「不堪」，現應改正，決定圈地調換。宗人府會議照准，遂命直隸總督朱昌祚，巡撫王登聯，會同國史館大學士蘇納海，處理易地的事宜。

這些安居樂業的旗民無緣無故要遷徙，不免要多費財力；況且原地易還，彼此各有損失，各有困難，自然而然怨恨起來。蘇納海、朱昌祚、王登聯等認爲此事不可行，請求停止圈換。康熙召見四大臣，將他們三人的奏章交閱。

鰲拜怒說：「蘇納海撥地遲誤，朱昌祚阻撓國事，統是目無君上，照例應一律處斬。」

康熙問索尼等人：「卿等以爲如何？」

遏必隆連忙答道：「應照輔臣鰲拜議。」

索尼也隨即說：「臣意也是如此。」

只有蘇克薩哈屬正白旗，堅決反對調換旗地，不同意將蘇、朱、王三人處死。鰲拜怒目而視，恨不將蘇克薩哈吞入肚中，轉向康熙說：「臣等所見皆同，請皇上發落！」

康熙猶在遲疑，鰲拜便索性走向御座前，提起御用的硃筆，寫道：「蘇納海、朱昌祚、王登聯，不遵上命，著即處斬」十七個大字，匆匆逕出。

索尼等也隨了出來。鰲拜就將矯旨付與刑部，刑部提到蘇納海、朱昌祚、王登聯三

人，綁出了市曹一同梟首。

康熙見鰲拜這副情形，便有意親政，私下令給事中張維赤等聯銜奏請。貝勒王大臣皆同聲贊成，只有鰲拜不發一言。康熙六年七月，十四歲的康熙正式親政。但鰲拜仍行輔政，視年輕的皇帝為傀儡。

在此之前一個月，索尼病故。蘇克薩哈感到難與鰲拜共事，產生了退隱的念頭，便向康熙請求辭去輔政大臣的職務，允許他去守護先帝陵寢，以使「俾如線餘息，得以生全」。康熙下旨挽留，因不瞭解其中的原由，命議政王大臣問明奏來。蘇克薩哈要求辭職守陵，實際上是向皇帝抗議鰲拜的專橫，逼使鰲拜交權，因而激怒了鰲拜。

鰲拜也清楚蘇哈薩克的用意，他和同黨一起捏造蘇哈薩克二十四條大罪，擬將蘇克薩哈及其長子內大臣查克旦處以磔刑，子六人，孫子一人，兄弟之子二人，還有同族人前鋒統領白爾赫圖、侍衛額爾得等一律處斬。康熙沒有批准鰲拜這個要求。鰲拜上殿，當面與康熙爭辯，康熙仍不同意。鰲拜急了，竟「攘臂上前，強奏累日」，把康熙嚇得心驚膽顫。

逼了幾天，康熙被迫批准了鰲拜的全部要求，只將蘇克薩哈的磔刑改為絞刑，算是對有功之臣的一點微小的照顧。可憐蘇克薩哈征戰幾十年，功勳之家卻落得一個滅族的悲慘結局！

索尼病死，蘇克薩哈處絞，輔政四大臣剩下鰲拜和遏必隆了。遏必隆與鰲拜同為鑲黃旗人，且懦弱無能，一貫附和鰲拜，不敢立異。鰲拜更加肆無忌憚，為所欲為，班行章奏，自列首位。遏必隆甘居其後，事事都聽鰲拜擺佈。甚至在康熙面前，「辦事不求當理，稍有拂意之處，即將部臣叱喝」，朝見時，「乃施威震眾，高聲喝問」，完全不把年輕的康熙放在眼中。

康熙八年元旦，鰲拜率諸臣上殿賀年，身穿一黃袍，式樣和質料儼如皇帝，所不同者，只是帽子上打了個紅絨結，而康熙戴的是一顆東珠，康熙雖已親政，但朝廷實權仍操在鰲拜之手。鰲拜大肆結黨營私，把其黨羽包括兄弟子侄都安插到朝廷各個部門，六大部的首腦幾乎全是他的人。這樣，鰲拜便牢牢控制了政局。每有大小事件，如任免官員、實施政策等，諸臣都先到鰲拜家裏議定，然後再通知康熙實行，這等於把康熙置於傀儡地位。康熙很惱火，但一時也沒有辦法。

鰲拜勢焰日熾，進逼不已。據說他還圖謀暗殺皇帝，託病不上朝，要帝親自去探視。小橫香室主人所著的《清朝野史大觀》記載：「（鰲拜）嘗託病不朝，要親往問疾，聖祖幸其第，入其寢，御前侍衛和公見其色變，急趨至榻前，揭席刀見，聖祖笑曰：『刀不離身，滿洲故俗，不足異也。』」還多虧康熙善於應變，將緊張的形勢化於無形。

「是可忍孰不可忍」，鰲拜及其黨羽所作所為，引起康熙的嚴重憂慮。鰲拜集團的存

在是對皇權的嚴重威脅。爲了奪回權力，康熙決計除掉他。但鰲拜手握兵權，掌握朝中大權，其勢力廣布朝廷上下，弄得不好，會招來一場大亂。所以康熙不敢興師動眾，貿然行事，而於暗中準備計擒鰲拜。他依靠長期侍衛他的親信索額圖和明珠，拉攏一部分朝臣。

康熙召索額圖進宮密謀。索額圖是索尼的兒子，做了康熙的侍衛，以忠誠任事得到康熙的信任。密謀後，將鰲拜的親信派往各地，離開京城，又以自己親信掌握了京師的衛戍權。康熙召集侍衛武士說：「你們都是我的股肱親舊，你們怕我，還是怕鰲拜？」大家說：「怕皇帝。」康熙遂堅定了除去鰲拜的決心。

他以陪伴自己娛樂爲名，下令在八旗子弟中挑選身體強壯的十來歲孩童進宮，共選了十餘個長得結實、機靈的。康熙讓這些孩童天天練習並表演角鬥、摔跤。鰲拜進宮奏事，康熙也不讓他們回避，故意讓他看見孩子們在摔跤玩耍，有時康熙也混在其中，玩得興高采烈。鰲拜看在眼裏，心中暗喜：康熙畢竟是個孩子，貪玩，胸無大志，不務政事，自己得以繼續專權。爲了麻痹鰲拜，康熙對他更敬重、優禮，這使他益加坦然，對康熙毫不心存戒備。

經過一段時間的培養訓練，這些孩童都成了康熙的心腹。康熙八年五月，康熙在有了一定準備之後，認準了時機，果斷地採取了行動，鰲拜大搖大擺地剛剛跨進宮門檻，腳步還沒站穩，突然從兩側跳出一群孩童，一擁而上，把鰲拜按住，等到鰲拜緩過神來，縱有

過人膂力，都已無濟於事了。權重勢雄的鰲拜就這樣束手被擒了。這一年，康熙僅有十六歲。

逮捕鰲拜後，康熙立即指令康親王傑書負責審訊。與此同時，鰲拜集團的成員也紛紛落網。經審訊，列出鰲拜罪狀三十條，其中與結黨擅權有關的二十三條，不敬太皇太后的兩條，對冊立皇后妒忌、私買奴僕的五條。又經康熙親自當面核實，鰲拜一一招認。大臣們都要求判鰲拜死刑。康熙念其在朝廷效力年久，特給以寬大處理，免死，改爲禁錮終身。爲防止株連，對互相揭發告密的，公開制止。同時，又對被鰲拜迫害的官員，一律平反昭雪。一場大案，只用十天就處理完畢。

鰲拜被拘，據《清史稿・聖祖本紀》載：「康熙八年，上久悉鰲拜專橫亂政，特慮其多力難制，乃選侍衛拜唐阿年少有力者，爲撲擊之戲。是日鰲拜入見，即令侍衛等掊而繫之。」

鰲拜與漢族文化格格不入，主張「率祖制，復舊章」，凡事都要「遵照太祖太宗例行」。對文人則施行高壓政策。江南「奏銷案」中，「江蘇省逋賦紳衿一萬三千五百十七人；下部斥黜有差」。探花葉方靄只欠交賦稅一文錢，亦遭處分，因此民間有「探花不值一文錢」的嘲諷。

康熙二年大興文字獄，莊廷鑨因修《明史》得罪，株連甚眾。西方傳教士湯若望所編

新的曆書「時憲曆」被順治採納。順治死後，鰲拜將湯若望下獄，擬處死刑。恰好北京發生地震，上天示警，孝莊太后出面干預，湯若望才免死獲釋。但湯若望的「時憲曆」自此廢止不用。採用清歷史學家的「大統曆」，卻錯誤百出。

但公平地說，不能因爲鰲拜跋扈被殺或殘殺無道就將他說得一無是處。在康熙初年，鰲拜繼續實行輕徭薄賦政策，開墾荒地，並多次蠲免田賦丁銀，甚至康熙三年諭令盡免。鰲拜輔政八年中，先後下諭蠲免錢糧一百七十四次，涉及十六個省的七八百個府州縣衛。老百姓受惠良多。清初四川殘破，人丁稀少，鰲拜等下諭，允許各地無業之人，由官府「措處盤費，差官接來安插」，並命各省文武官員，「有能招民三十家入川，安插成都各州縣者，量與紀錄一次，有能招民六十家者，量與紀錄二次，或至百家者，不論俸滿，即准升轉。」

鰲拜推行的另一項重大德政，是實行「更名田」。康熙七年十月，「命查故明廢藩田房，悉行變價，照民地徵糧。」由於明朝藩王多已死於兵火，莊地紛爲地主、佃農佔有，清廷此舉無異是以新莊主的身分，向佔有莊地之人勒取價銀，故遭到佔有、耕種明王莊田者激烈反抗，難以實行。鰲拜等便明智地修改了這個規定，於康熙八年三月初八日下諭：

「今思既以地易價，復徵額賦，重爲民累，著免其變價，撤回所差部員，將見在未變價田地，交與該督撫，給與原種之人，令其耕種，照常徵糧，以副朕愛養民生之意。」

無人耕種的餘田招民開墾，直隸、山東、山西、陝西、甘肅、河南、湖廣等省，多達二十餘萬頃，占當時全國耕地總數的二十分之一。

鰲拜爲了減少征戰，與民休息，對臺灣南明延平郡王鄭經政權採取以防爲主，以攻爲輔，以撫爲主，以剿爲輔的方針，利用鄭氏內部派系矛盾激化的機會，大力招勸其部降清，削弱了鄭氏政權的力量，爲日後統一臺灣創造了有利條件。

鰲拜此人十分複雜，不是三言兩語可以蓋棺論定，但有一點可以肯定，他不是一個特別聰明的人，因爲若要奪位，就趁康熙年幼及早下手，不過是一夕之間的小事；若沒有篡位的野心就趁早規規矩矩，何苦裏外不是人。大概他也不是真的有魄力想謀反奪位，否則康熙對他的處罰不會那樣輕。若真的心懷不軌，爲何康熙探病時，他床邊放了刀子又沒有刺殺的行動，這只能說鰲拜在某些不理智時候做人蠢到了極點。

奪嫡殺父的謎案

雍正即位秘事

雍正（一六七八～一七三五）名胤禛，康熙帝第四子。其身態偉岸，舉止端凝，頗為父皇喜愛。康熙三十七年封貝勒，四十八年封雍王。在與兄弟搶爭皇位過程中，因其城府深重，手段詭譎，終占上風，即位成大統。其登極後，嚴峻吏治，誅殺汙吏，舉國一片肅殺。其勤於政務，不嗜女色，平定叛亂，劃定中俄中段界線。雍正十三年（一七三五）暴卒於圓明園，傳位於四子弘曆。尊謚憲皇帝，葬泰陵。

康熙六十一年十一月，康熙皇帝因病在北京西郊的暢春園行宮內去世，在位六十一年，享年六十九歲。諸皇子哀慟號呼，皇四子胤禛哀慟至昏過去。這時，隆科多向諸皇子

道：「諸阿哥暫且別哭，聽讀遺詔！」此時諸皇子中，除允禵遠征邊疆未歸，廢太子允礽仍被拘禁外，其餘一同在內，聽見遺詔二字，都大爲懷疑：「皇父已有遺詔麼？」

隆科多說：「遺詔當然有，請諸阿哥恭聽！」便即展開黃綾開讀道：「皇四子人品貴重，深肖朕躬，必能仰承大統，著繼朕登基，即皇帝位。」允禩、允禟互相對望一眼，激切地抗聲道：「這遺詔是真是假?!」

隆科多正色道：「誰人有幾個頭顱，敢捏造遺詔？」

諸阿哥面面相覷，他們原不把胤禛放在眼裏，現在見他倉卒之間忽登大位，心裏都十分詫異，卻又無話可說。他們趨至御榻前，撫著康熙的遺體大慟。

這位秉性陰沉的胤禛，即了皇帝位，擬定年號「雍正」，即以明年爲雍正元年。繼位後下了兩道諭旨。第一道：便封八阿哥允禩，十三阿哥允祥爲親王，令與大學士馬齊，舅舅隆科多，總理內外事務。第二道：命撫遠大將軍允禵，回京奔喪，一切軍務，由四川總督年羹堯接續辦理。允禵回京後，免不得聽到許多僞造遺書的風聲，且允禩、允禟諸阿哥，又要同他細敘前情，語言之間，總帶了三分懷疑怨望，這些話傳到雍正耳邊。雍正帝即調允禵往盛京督造皇陵。允禵兵權已被解除，剩下的只有任雍正擺佈了。

雍正爲人陰詐，他即位之後，深居簡出，外面看來端拱無爲，其實朝野一切，無論小似豆芥瞬息會知曉。

有一個尚書，朝罷回家，夫人打算給他泡上龍井新茶，尚書止住道：「別喝這個了，龍井貴得很，家常喝著可惜，粗茶就行。」次日召見，雍正特賜他龍井二斤，還諭道：「沒了只管問朕要，省得人家笑你。」笑語之間，尚書出了一身冷汗。

又一次，朝廷上他問官員：「昨日元旦，你們在家，作什麼消遣？」眾官員次第回答，有的說飲酒，有的說下圍棋。只有一個臉色微赧的侍郎，聽眾人俱已答畢，只剩他一個，不能再推，只得老老實實地說道：「微臣知罪，昨晚與妻妾們玩了一回牌。」

雍正笑道：「玩牌是犯禁的事，昨天是元旦，你又只與家中人消遣，不得為罪。朕念你秉性誠實，沒有欺君，特賞你一物，你持回去，與妻妾並看罷！」說畢，擲下小紙包一個。

侍郎拾在手中，謝恩而退；回到家中，取出御賜的物件，叫妻妾同看；直以為是什麼極珍至寶，當即拆開紙包，大家一瞧，個個嚇得伸舌，復將昨日玩過的紙牌仔細一檢查，恰恰少一張。原來這紙包中，不是別物，卻是昨日所失的一張紙牌。有一位姨太太驚異不解。侍郎走出戶外，四周圍瞧了一番，方入戶閉門，對妻妾低聲說了三個字：「血滴子。」

這血滴子是什麼東西？外面用皮革為囊，裏面藏著好幾把鋒利尖刀，殺人時，把革囊罩在頭上，一收緊，頭便斷入囊中，再用化骨藥水一彈，立成血水，因此叫做血滴子。

原來雍正皇帝以五湖四海奇英異傑爲爪牙，這血滴子是殺人暗器。綠林豪客的首領，是四川總督年羹堯。年羹堯與皇四子胤禛有深交，胤禛外恃年羹堯，內仗隆科多，得了帝位。他恐人心不服，有人謀反，遂用了這班飛簷走壁的江湖客，刺探大臣們的隱情。那班人極善夜行，走壁飛岩，如履平地。會喬裝改扮，巡役商賈乞丐，無般不像。

雍正汲取康熙遲遲不立太子的教訓，規定將擬定皇儲的詔旨，密書太子名字，藏在一個木匣內，令侍衛緣梯而上，然後安放在乾清宮正大光明匾額後面。這以後成爲清朝歷代建儲的一項制度。

雍正帝刻刻防備允禩、允禟、允禵的秘密行爲。有人密報說：「九阿哥允禟在西寧，用西洋人穆經遠爲謀主，編了密碼，與允禩往來通遞，大約是蓄謀不軌！」隨呈上一封密函，是九阿哥與八阿哥的書信。還有「十四阿哥允禵，督守陵寢，有奸民蔡懷璽，到院投書，稱允禵爲真主，允禵並不罪他，反將書上要緊字樣裁去塗抹。」以及「八阿哥允禩，日夜詛咒，求皇上速死。」等等。雍正便把允禩、允禟削去宗籍，允禩拘禁，改允禩名爲阿其那，允禟名爲塞思黑（「阿其那」、「塞思黑」是滿語，譯作漢文，就是豬、狗）。後來皆暴死。

雍正刻薄寡恩，年羹堯本是雍正帝的心腹，並有擁戴大功。但所謂「狡兔死，走狗烹」，先調年羹堯爲杭州將軍，見風使舵的大臣們默窺上意，料知雍正帝要收拾年羹堯，

便合詞劾奏。於是連降年羹堯十八級，罰他看守城門。他在城門裏面，守得格外嚴密，任王孫公子，絲毫不肯容情，因此挾怨的人愈來愈多。最後周納深文，共湊成九十二大罪，令年羹堯自盡。其子年富立斬，餘子充軍，免其父兄連坐。沒滅九族，還算運氣。

隆科多也沒有好下場。先是都察院先糾劾隆科多庇護年羹堯。後刑部劾他挾勢婪贓，私受年羹堯等金八百兩，銀四萬兩千兩，又有隆科私鈔玉牒罪，按律應立即斬決。最後還算格外開恩，在暢春園外的附近空地造了小屋三間，將隆科多永遠禁錮。

雍正既滅了兄弟，又除了年羹堯、隆科多一班權臣，內外無事，血滴子已沒用，索性將這班江湖豪客誘入一室，以飲酒慰勞的名義，暗中在酒裏下了毒藥，把他們全部鴆死。

雍正自己的死也很蹊蹺，據說他死時頭不見了。於是又有呂四娘懷劍進京，替父報仇的一段軼事，宮闈謎案，年代久遠，已無法推測。

縱觀雍正一朝，因為雍正帝的性格陰鷙，留下了許多謎團，這些謎史書沒有詳細記載，其中最大的一個謎是雍正繼位。

根據康熙皇帝的遺詔，他的第四個兒子雍親王胤禛繼承了帝位，是為雍正皇帝。雍正繼位是否合法問題，歷來被稱為清初三大謎案之一。這也是雍正生前備受困擾、死後背上罵名的主要原因之一。

據雍正審定、官方修撰的《清聖祖實錄》、《永憲錄》和雍正親自編撰的《大義覺迷

錄》記載，雍正是合法地即了皇位的，但其中因雍正做事一向不夠光明正大，就無形中產生了許多不能令人信服的疑點。

雍正合法即位的證據是康熙大帝臨終時的口諭和遺詔。雍正曾多次對群臣說，康熙的遺言是傳位給他。其實這一條根本不能算是證據；證據之二是遺詔，但遺詔僅由雍正的舅舅隆科多一人宣讀，當時就有人認爲，康熙帝本欲傳位於皇十四子，結果被胤禛等篡改遺詔，毒死玄燁，自擁爲帝。說康熙帝原傳十四阿哥胤禵天下，雍正將「傳位十四子」中的「十」字上下添了兩筆變成「傳位于四子」，所以有人猜測是隆科多篡改了遺詔。

中國第一歷史檔案館目前保存著這件詔書，詔書中用滿文和漢文合璧寫道：「皇四子胤禛，人品貴重，深肖聯躬，必能克承大統。著繼聯登極，繼皇帝位。」有學者認爲，滿清皇族是以少數民族入主中原的，先皇在書寫遺詔時必然是滿漢對照的，漢文詔書可以改字，滿文詔書就不那麼容易了。但是，遺詔僅由隆科多一人經手，也不能排除隆科多上下其手、僞造遺詔的可能。

持反對意見的人認爲，這種僞造遺詔的說法不符合清朝的皇子稱謂制度和文書制度。清代正式官方文獻在提到太子、皇子時，均書寫成「皇太子」、「皇某子」、「皇某某子」，而不寫作「太子」、「某子」、「某某子」，即須前「皇」字。所以在康熙帝的遺詔中只有寫作「傳位皇十四子」才合乎規範，若把這裏的「十」字改成「于」字，詔書變

成「傳位皇于四子」，顯然不通。

還有人認爲，「于」字在古代應寫作「於」，因此篡改遺詔之說站不住腳。其實，「于」「於」兩字相通，東漢許慎《說文解字》云：「于，於也。」元代書畫家趙孟頫書《洛神賦》墨蹟中，「睹一麗人，于岩之畔」句，用的便是「于」。「于」字改爲「於」字，在現代漢語中是通用可行的，可在當時正式文件卻是不行的，那時在詔書的關鍵部分出現以「于」代「於」的別字，這份詔書就不可能爲人所信了。康熙、雍正兩朝對滿洲親貴們下密詔時，爲了內廷的隱秘性卻多使用滿文，事關「國脈所繫」的傳位詔更應如此。即使用漢字，按當時的文法也不會用「于」而應用「於」。

有人還找出了一個康熙傳位給雍正的理由，即雍正的兒子弘曆頗得康熙的喜歡，康熙傳位給雍正，是爲了後來讓弘曆即位。其實這純屬猜測。康熙初次認識弘曆，是在康熙六十年春天，一年之後，康熙便去世了。康熙雖然喜歡弘曆，未必因此便將天下交給他所不喜歡的雍正。

與雍正即位合法化的證據相比，其陰謀即位的證據便確鑿多了：

其一，康熙生前，絲毫沒有傳位給雍正的跡象。從康熙晚年言行來看，他的建嗣計畫中培養的對象是胤禵而不是胤禛。康熙五十七年，因爲在西北對蒙古人用兵，胤禵被任命爲撫遠大將軍、威望日重，朝野間多認定他是康熙帝心目中的儲君。而康熙對雍正卻有四

字評價：「喜怒不定」。雄才偉略、寬仁大度的康熙帝絕不會將天下託付給一個喜怒無常的人，難怪隆科多宣讀「遺詔」後，阿哥們大多不信、不服。

其二，現存康熙的「遺詔」所署時間爲「康熙六十年十一月十三日」，即康熙去世的那一天。而彼時康熙已臥床不起，「遺詔」定非康熙親筆。既非康熙親筆，遺詔又僅爲隆科多一人操作，那麼難保其中沒鬼。不但是諸位皇子、大臣對康熙的「遺詔」有懷疑，連西洋人對玄燁之死也抱著懷疑態度，義大利人馬國賢對康熙去世的記載就是：「駕崩之夕，號呼之聲，不安之狀，既無鴆毒之事，亦必突然大變。」

其三，康熙去世前一個星期，還在南苑騎馬打獵，這說明康熙的身體還是不錯的。據《永憲錄》載，康熙打獵後患了感冒。感冒竟奪去了康熙的生命，多少有些令人生疑。而且康熙死後，隆科多立即令其所部二萬官兵關閉京城九門，包圍皇宮，如臨大敵，頗似軍事政變。於是有人便推測，雍正見康熙病倒，生怕統兵在外的十四阿哥進京謀取皇位，遂指使隆科多採取斷然措施害死康熙矯詔即位。

有人分析，隆科多矯詔將皇子們急召到暢春園，然後才告知玄燁「病危」，隨之他們也就參加對玄燁的照料和搶救，實際上是處於被變相軟禁的狀態。所以玄燁「病危」一事，皇親國戚及滿漢文武大臣當天並不知情。這樣做是爲麻痹胤禩、胤禵集團其他成員以及被廢太子胤礽的親信，防止他們因此而有所警覺，進行反擊準備。

其四，清宮檔案中發現他剛即位時，給隆科多的一封信，稱他爲「朕之功臣」、「曠世罕有之臣」。康熙臨終前，由隆科多率御林軍守護，他對雍正何「功」之有？語中當有隱情。雍正一即位，便任命隆科多爲總理事務大臣。隆科多於雍正何「功」之有？頗耐人尋味。

其五，隆科多曾說：「白帝城受命之日，即是死期已至之時。」似乎有某種預感。雍正即位後，隆科多便陸續將家產轉移到親朋家中，以防雍正抄家。不久，雍正果然宣布隆科多四十一條大罪，將他永遠幽禁。一年後，隆科多即死於獄中。與年羹堯被誅一樣，後人懷疑這是雍正殺人滅口。

其六，雍正即位後，人們發現，凡是康熙喜歡去的地方，雍正都盡力回避。在位期間，雍正沒有居住康熙生前所居暢春園，另撥鉅款營建了圓明園；沒有去過一次康熙年年必往的避暑山莊；康熙喜歡到承德避暑山莊，每年總要去住幾個月，而雍正在位十三年間卻從未去過；自己的陵墓也沒選擇在安葬父、祖的河北遵化陵園，而是將陵址選到了西面的易州。雍正爲自己選陵墓，偏偏不願和其祖、父在一起。似乎雍正真的不敢面對其父的亡靈？彷彿很害怕冥冥之中的父皇。對當時迷信鬼魂的清室來說，這些舉動只能用必有虧心事來解釋了。

其七，雍正即位後，一直在不遺餘力地打擊異己，將一直想謀取皇位的八阿哥改名爲

二人不久便暴卒。並將其同胞弟弟十四阿哥幽禁。據溥儀之弟溥傑說，他在宮中便發現過雍正留下的殺弟密詔。最後，雍正將他兄弟中的五人置於死地。

其八，雍正在其親自編撰的《大義覺迷錄》中，不厭其煩地爲其即位的合法性進行辯護，很有些「此地無銀三百兩」的味道。本來百姓都不知道的內幕卻從這本書流傳起來，雍正可謂聰明一世，糊塗一時。今天，我們正是從這本書中，知道了當時民間流傳的雍正篡改詔書、囚弟逼母等事。難怪雍正的兒子乾隆即位後，立即宣布此書爲禁書，下令全部收繳銷毀。但由於此書翻印極多，根本不可能全部收繳，所以一直傳至今天。此書既是雍正朝呂留良文字獄的檔案，又是雍正自作聰明的笑柄。

傳奇一生的最後懸案

伊凡雷帝死亡秘事

伊凡四世．瓦西里耶維奇（一五三〇～一五八四），又被稱為伊凡雷帝，留里克王朝君主，是俄國歷史上第一位沙皇。

一五八四年三月十八日。這一天，看起來又是個好日子，星象家也通報說今天大吉。於是伊凡雷帝出外痛痛快快地玩了半天。下午三點左右，伊凡雷帝感到身上有汗，於是安排下人爲他準備洗澡水，他快活地去洗澡了，澡堂內還不時傳出他歡快的歌聲。

洗澡之後，伊凡雷帝容光煥發，他坐在自己的床上，召喚手下人與他對弈，正在伊凡雷帝專心致志地下棋時，意外發生了：伊凡雷帝全身顫抖，仰面倒下，瞬間便悄無聲息

了。

「沙皇駕崩啦！」

「怎麼死的？」

「也許是被人害死的吧？他身體一向不錯的。」

人們議論紛紛，流言四起，老百姓以無窮無盡的想像來編織著沙皇的死亡情景。官方最早的表態是在兩個月後的新王加冕典禮上，新王即伊凡雷帝的兒子奧多爾・伊凡諾維奇對總主教和大臣們鄭重宣告：

「按照上帝的旨意，我們的父親已經仙逝。偉大沙皇、俄羅斯的大公、專制的君主伊凡・瓦西里耶維奇留下了地上的王國，領受了天使的聖像升入天國；而他以自己統治俄羅斯諸王的名義給他的兒子以祝福。」

這一宣言並沒有公開伊凡雷帝的死因。但官方事實上已協議一種說法，即自然死亡。這一說法在一六三〇年，由宮廷主教費拉列特給予文字化，費拉列特在他編纂的《新編年史》中寫到：當伊凡四世看到天空出現了向他昭示死亡的徵兆以後，「不久就重病纏身，而在自知壽命不長時，他吩咐總教傑奧尼西替他削髮爲僧，並取名約拿。他把莫斯科公國傳給了王儲費奧多爾・伊凡諾維奇……三月十八日升入天堂。」以後的許多史籍大多沿襲此說。民間的非正常死亡說未能得到證實。

一九六三年，在修復莫斯科克里姆林宮的阿爾罕格爾斯克大教堂時，人們打開了伊凡雷帝及其它一些人的陵墓，對伊凡雷帝的遺骸進行了化學分析。分析結果表明：有大量的水銀分子存在。這就不能完全排除有藥物一下子、或是緩慢地毒殺他的可能性。人們把早已淡望的記憶再次回聚到這位皇帝的死因之上。

許多人都認爲是伊凡雷帝的寵臣波・別依斯基和波・戈杜諾夫害死的。荷蘭商人依・馬薩的證詞尤顯肯定。馬薩長期生活在俄國，和羅曼諾夫家族以及接近羅曼諾夫家族的莫斯科官員交往甚密。他認爲，當時伊凡四世確實身患重病，一天比一天衰弱，但是還不至於到死的地步。是波・別依斯基遞給他一份約翰・艾洛夫醫生配製的飲料，裏面放了毒藥，所以沙皇很快就死了。

也有人認爲這與別依斯基毫無關係，而是戈杜諾夫收買了艾洛夫醫生，謀害了伊凡四世。因爲如果他不搶在沙皇之前，他自己就要和許多顯貴一樣被處死，而處死下面的人，這對伊凡四世來說並不是什麼新鮮事。

然而，一些研究者從傑・戈爾謝的《回憶錄》中提出了雷帝是自然死亡的有力證據。戈爾謝是在雷帝暴卒前後能出入宮廷、見到雷帝的人物，而且是伊凡四世死前最後一些見到他的人之一，因而他生動地描述了雷帝生前最後幾個小時的情景：

「中午他又重複了一遍他的遺囑，但是沒有想到死。當時他吩咐自己的主要醫生兼

藥劑師艾洛夫爲他預備一切所需的消遣，爲他準備好澡堂。他派自己的親信別依斯基到女巫那兒去，他想知道星象的預兆……。三點左右，沙皇去洗澡，一邊像往常一樣哼著他喜愛的歌曲。七點左右，他容光煥發地出浴。人們將他安置到另一間屋子。他坐在自己的床上，召喚他的另一個親信羅季翁・比爾金，吩咐他把象棋拿來，並在身邊安置好自己的僕人、親信等人。沙皇穿著敞開的長袍，夏布襯衫和長襪子。突然，他變得軟弱無力，並仰面倒下。這造成了極大的混亂。一些人去取伏特加，另一些人去取金盞花藥和玫瑰水，有的人去找他的牧師和醫生……這時，沙皇卻已停止呼吸，身體開始僵硬。」戈爾謝指出，這是典型的窒息而死症狀。

也有人說，戈爾謝的看法與沙皇被毒害而死的說法並不矛盾。他們認爲沙皇是先中毒倒下，而後爲了更牢靠些，在他倒下造成的混亂中，謀害者們又悶死了他。他們也從戈爾謝的書中提出不少證據來加強自己的說法。他們指出，戈爾謝提供的下述資料實際上描繪了一幅謀殺伊凡四世的圖畫：

年過半百且又身患疾病的沙皇，曾正式向英國女王伊莉莎白的侄女曼麗・加斯金格斯求婚，這對戈杜諾夫及其親屬構成嚴重威脅。王儲妃周圍那些最親信的大公和貴族，也就是戈杜諾夫家族，對此十分怨恨並感到受辱。他們在尋求一些秘密措施，策劃旨在根除這一意圖和推倒已達成的協定的陰謀。因爲和英國女王的親屬聯姻，將加強她的後裔繼承沙

皇王位的權利，這會有損於戈杜諾瓦．伊琳娜的丈夫，即王儲費奧多爾．伊凡諾維奇。

有一次，暴怒的沙皇嚴懲王儲。戈杜諾夫想要替他求情，也被雷帝無情地痛打了一頓，以致戈杜諾夫不得不請醫生治療，並有好一陣子躺在家裏不能到王宮去，從而引起沙皇對他的猜疑。此外，沙皇企圖玩弄自己兒媳的亂倫之舉，也促使戈杜諾夫反對伊凡四世。

別依斯基對沙皇的謀害也是事出有因的。雷帝晚年時非常害怕在沒有懺悔、沒有聖餐禮的情況下突然死亡。他從各地召來六十名巫師和巫醫，由衛隊看管起來。沙皇每天派別依斯基去瞭解並向自己報告這些人的占卜和預言。據說女巫們曾對別依斯基講，天上最強有力的星宿都反對沙皇。她們還預言了沙皇死亡的日期。但是別依期基不敢向沙皇報告。最後沙皇還是知道了。他狂暴地說：

「在這一天要把星相術士們統統燒死，而隱瞞這一預言的別依斯基則應被砍頭。」這樣，對他們自身生命的威脅，在巫師們預言沙皇的死期後變得現實起來。這成了別依斯基和戈杜諾夫謀殺沙皇的直接動因。

沙皇的死因未明，這爲他傳奇的一生再添一份神秘色彩。

伊凡四世的母親葉蓮娜是蒙古金帳汗國大汗馬麥的後裔，嫁給年近五十仍未有子嗣的瓦西里三世之後，終於生下了繼承人，伊凡四世出生時，正好電閃雷鳴，因此被稱為伊凡雷帝。伊凡四世在沙皇俄國的開國史上占有非常特殊重要的地位，是具有遠見的國王；但在另外一方面，他因生長在階級鬥爭和統治集團內部鬥爭極其複雜的環境中，自幼即養成冷酷無情的性格，有很強的猜忌心，且殘忍，對貴族們行嚴厲鎮壓。十三歲時就下令處死反對他的世襲大領主，並在盛怒之下，竟然用手杖打死了長子伊凡太子，使人感到特別驚駭和恐怖。

是誰殺了皇帝？

雍正暴死秘事

清世宗雍正誠信佛教，工於心計，在位僅十三年，但勵精圖治，力求改革，整頓吏治，創設軍機處，平定青海，安定西藏，行改土歸流政策，為乾隆創建大清盛世，打下了有利的基礎。從登基到賓天，傳言不斷，可說是清代歷史上最具爭議的皇帝。

一七三五年，雍正皇帝突然暴死於京郊離宮圓明園內。人們對於雍正皇帝死因，有著不同的說法。

第一種說法是因病而故。根據《上諭內閣》和《硃批諭旨》等官書記載，一七二九年（雍正七年）冬起，雍正帝生了一場大病，到一七三一年（雍正九年）秋，病情還是寒熱

不定，飲食無常，睡眠不安。到底是什麼病？太醫也說不清楚。雍正曾向田文鏡、李衛、鄂爾泰等心腹督撫密發諭旨，要他們推薦良醫。此後，病情雖有好轉，但身體仍然常常欠安。

一七三五年（雍正十三年）農曆八月二十日起，雍正帝病情加重，仍未停止工作。到二十三日晚上病情加劇，遂召見寶親王弘曆、和親王弘晝、莊親王允祿、禮親王允禮，以及大學士、內大臣等數人，「面諭遺詔大意」，至凌晨駕崩。雍正帝因病而故的說法也順理成章，甚至有人還具體提出，雍正帝是因「中風」而死去的。

關於雍正死亡的那個夜晚，在保和殿大學士、翰林院掌院學士、軍機大臣、吏部尚書張廷玉的《自訂年譜》中是這樣記述的：

雍正十三年八月二十二日夜。漏將二鼓，一陣陰冷的秋風驟起，掠過房檐樹梢，留下散亂細碎的枯葉盤旋之聲和空曠寂寥的窗櫺開合之聲。張廷玉剛剛合上眼睛。突然，大宅正門方向傳來了「咚咚」的砸門聲。嘈雜中，刺耳的尖細嗓音一迭聲地喊：「有旨意！宣張大人即刻進宮！」張廷玉一顆心頓時吊了起來。他慌亂地推衾披衣翻身下炕，腳蹬靴，手扣絆，一邊急急向外邁步，一邊滿腹狐疑設想種種可能出現的變故。

在盞盞燈籠搖曳散碎的暗淡光線下，張廷玉一行向圓明園倉促疾馳。圓明園西南門已有三四名太監翹首而待。一見張廷玉到，兩名太監向內飛奔而報，餘人將張廷玉等徑直引

向寢宮。寢宮燈火通明，只見太醫、內侍急進急出。階下烏壓壓站了一地的人，個個神情緊張、嘁嘁耳語。莊親王、果親王、大學士鄂爾泰、公豐盛額、納親、內大臣海望等先後到齊。張廷玉猶如五雷轟頂，驚駭欲絕。他萬萬沒有想到，深夜宣召，竟然是因「上疾大漸」。白天尚勤政如常的雍正帝，竟然已瀕臨彌留的最後關頭！

張廷玉與眾大臣按班次排成兩行，屏息躡足，入寢宮御榻前三叩九拜恭請聖安。燭光昏暗，帳幔重重，御榻上的雍正帝向內而臥，看不清頭臉，沒有任何反應。眾大臣顫抖著起身，強壓緊張焦慮的心情，躬背依前退出，在階下等候消息。

突然，宮門大開，一個似哭非哭的聲音傳了出來，「大行皇帝龍馭殯天了——」眾大臣原以爲心理已有準備，凶耗一出，仍有不少人幾乎癱倒在地，所有的人均放聲慟哭。混亂中，張廷玉、鄂爾泰強自鎮定，上前厲聲道：

「現下不是哭的時候！國不可一日無君，大行皇帝因傳位大事，曾書密旨，除示我二人外，無有知者，這密旨就藏在宮中，應急請出，以正大統。」

「說得是！說得是！」亂了方寸的兩位王爺如夢方醒，立傳總管太監，責其爲何沒有馬上請出雍正傳位密旨。總管太監慌得雙膝跪倒在地，搗蒜般叩頭：「奴才該死！奴才該死！大行皇帝未曾諭及密旨之事，奴才不知密旨所在！」

張廷玉道：「大行皇帝當日密封之件，諒亦無多，外用黃紙固封，背後寫一『封』字

的即是此旨。」過了一會兒，總管太監急匆匆捧出黃封一函。諸大臣打開一看，正是雍正帝硃筆親書傳位乾隆的那道密旨。

關於雍正之死的第二種說法，是服丹藥中毒而死亡的。從宮中檔案等資料可以看出，雍正帝做有《燒丹》詩歌頌丹藥的功效，自己平時愛吃丹藥，有時還賜給臣下，鄂爾泰就曾受賜而服食，受賜者服用一個月後奏報「大有功效」。同時，雍正帝還推崇紫陽真人，爲之重建道院，讚賞真人「發明金丹之要」。在宮中養了不少道士，有煉丹的，有念咒的，也有行按摩術的，他希望道士能給他治病健身。道士張太虛、王定乾等人在圓明園內爲雍正帝煉丹，燒掉了成百噸的燃料，出爐了一批又一批的金丹成品。雍正帝服了大量丹藥，終因丹藥中有毒成分在體中發作而致死。八月二十五日，即雍正帝死後第二天，嗣君乾隆帝就下令驅逐張太虛等道士，這可以說是與雍正帝之死有關的旁證。

第三種說法是被人謀殺的。兇手到底是誰，又存在不同的傳聞。其中，大量野史傳聞的是雍正帝被呂留良孫女呂四娘刺殺身亡。呂留良是清初的思想家，曾試圖反清復明。他的學生策動反清失敗後，呂留良雖然已經死去，其親屬也受到牽連，只有孫女呂四娘恰奉母在外，因此倖免罹禍，便隱之名山仙刹，拜師學藝，練就一身絕技，立志爲父祖報仇。後來她潛入宮中，終於將雍正帝刺死。另有人認爲謀殺雍正帝的不是呂四娘，而是宮女與

太監吳守義、霍成因怨恨雍正帝暴虐，伺他熟睡後，用繩子將他勒死的。

雍正皇帝究竟是暴病中風而死的，還是盲目服丹藥中毒身亡的，抑或被人暗殺的？現在還是一樁懸而未決的公案。

殘暴沙皇不幸的延續

小皇子季米特里死亡秘事

一五八〇年，伊凡四世最後一次結婚，末任妻子為他生了一個兒子，即季米特里，但這次婚姻並未得到教會承認，因此季米特里也被視為是私生子。

伊凡四世是一個專橫、殘暴的沙皇，也是一個不幸的皇帝。他年幼喪父，母后葉蓮娜攝政，追求權力的欲望，使她根本沒有精力去愛撫伊凡四世。中年時期，心愛的皇后又離伊凡四世而去。老年時期，因爲無法控制的暴躁脾氣，伊凡四世眼看著兒子死在了自己的手下。就連伊凡四世死後，悲慘的命運也沒有放過他，這就是他最小的兒子季米特里，又莫名其妙地死去。宮廷內部的血雨腥風，在伊凡四世家庭中被演繹得淋漓盡致。

一五八四年三月，伊凡四世暴死。他留下了兩個兒子：一個叫費多爾，是第一個妻子安娜．斯塔西婭所生，時年廿七歲；另一個叫季米特里，為最後一個妻子，也即第七個妻子所生，尚在襁褓之中。根據遺囑，費多爾繼承了皇位，同時由其舅父尤里耶夫、內兄戈杜諾夫、杜馬主席姆斯季斯拉夫斯基以及叔伊斯基四人攝政。

費多爾雖然早已成年，卻絲毫不像其父年輕時那般性格剛毅，雄才大略，而是一個智慧低下、昏庸無能的懦夫，整日間提心吊膽，惟恐遭人暗算，人稱「傻瓜沙皇」。他整天不是在教堂裏祈求上帝的保佑，就是觀看討好他的大臣們表演滑稽和互相廝打。國家大事全由他的舅舅尤里耶夫等人管理。而這些大貴族們，也並非一心，都想排斥對方。戈杜諾夫是一個老謀深算的人，有史學家認為，伊凡四世的暴死與他有關。

同年八月，戈杜諾夫利用攝政貴族之間的矛盾，逐步控制了朝政。到一五八六年，戈杜諾夫實際上已排除了所有的競爭對手，獨攬朝廷一切大權。

就在宮廷裏明爭暗鬥之際，小季米特里和他的母親瑪麗亞就被遣送到遙遠的烏格利奇皇室領地。烏格利奇雖然比不上皇宮的豪華和奢侈，但遠離權力爭鬥的地方，從某種意義上說是一個「世外桃源」，季米特里在這裏愉快地過著他的童年。然而，皇室的血統注定了危險正一步步向他逼近。

一五九一年五月十五日清晨，九歲的小皇子季米特里早早就起床了，像往常一樣跑到

院中去玩耍。突然，人們聽見院子裏傳來了僕人們可怕的叫喊聲，瑪麗亞聞聲急忙從屋裏奔跑出去。眼前的情景讓她驚呆了：剛才還活蹦亂跳的兒子，此刻正躺在血泊之中，喉嚨已被割斷！她心愛的兒子，她生命的一切，在這一瞬間就離她而去了。

皇子季米特里死亡的消息立刻傳遍了整個烏格利奇城，當時的烏格利奇城響起了警鐘，人們紛紛趕到了皇宮，嚴密搜尋兇手。雖然兇手沒有找到，但小皇子被戈杜諾夫殺害的消息還是不脛而走。戈杜諾夫成了最大的懷疑人。

這種懷疑不是沒有道理的，因爲戈杜諾夫是當朝沙皇的內兄，當朝沙皇費多爾根本不問朝政，而且膝下無子，在他之後，季米特里很可能是皇位繼承人。戈杜諾夫出於對自己權力長久的考慮，完全有可能派人謀殺季米特里。後來歷史的發展也證明了這一點。

一五八九年，費多爾去世，縉紳會議根據總主教約瑟夫的提議，推舉戈杜諾夫爲皇位繼承人。九月一日，戈杜諾夫在烏斯賓大教堂接受了總主教的祝福，戴上了皇冠和披肩，正式即位稱帝。如果季米特里長大成人，他即位的合法性將受到很大的挑戰，而如今，他是惟一的合法繼承人。

也有人認爲，皇子季米特里的死只是一個意外。季米特里患有癲癇病，一五九一年五月十五日清晨，季米特里拿著一把小刀，在宮中玩「豎刀立地」的遊戲，玩得正高興時，突然癲癇病發作，倒在地上，利刃正好刺穿了他的喉嚨。季米特里的乳母和保姆都認爲皇

子是自觸利刃偶然殞命的。

更有一種離奇的說法認爲，皇子季米特里根本就沒有死，因爲他的母親瑪麗亞預先察覺了陰謀，爲了保護年幼的愛子，她和僕人上下串通，精心製作了這一幕劇。一六〇三年，在布拉根波蘭大貴族阿達姆·維什涅茨基的大莊園裏，一個廿二歲的小夥子自稱他就是伊凡四世的兒子季米特里，他當年在烏格里奇獲得天助，死裏逃生。這位季米特里得到了不少大貴族的承認，各地掀起了支持「好沙皇」季米特里的農民起義。這讓季米特里死亡之謎更加顯得神秘莫測。

皇子季米特里死後，當時沙皇皇宮的反應也讓人琢磨不透。皇子之死驚動了朝廷，沙皇派來專門的調查團審理「烏格利奇案」，以期查出皇子的死因。調查團最後宣布，皇子季米特里死亡純屬偶然。然而奇怪的是，瑪麗亞後來卻被送往修道院剃度爲尼，而她的親屬和烏格利奇當地許多人都被流放西伯利亞，其用意不得而知。

看來季米特里的死亡還是一個謎。

手握皇權的囚徒

光緒革新背後的秘事

清德宗光緒（一八七一～一九〇八），登基時只有四歲，由兩宮太后慈禧、慈安垂簾聽政，至光緒十六歲時慈禧歸政，但仍實掌大權。曾力圖自強變法，卻受到守舊派大力阻撓，最後宣告失敗。史稱「百日維新」。光緒二十六年（西元一九〇〇年），義和團起事，引發八國聯軍，攻陷北京，光緒及慈禧逃亡西安。後被軟禁於瀛台，飲恨而逝。

西太后令人整備行裝，候旨啓行。宮監來報洋鬼子已攻進外城了，太后忙回入寢宮，卸了旗裝，喚李蓮英梳一漢髻，叫宮監取一件藍夏布衫，穿在身上，又命光緒帝、大阿

哥，及皇后瑾妃，統改了裝，扮作村民模樣，找來三輛平常百姓用的騾車，帶進宮中。

太后對眾妃嬪道：「你們不必隨去，管住宮內要緊！」又命崔玉貴至冷宮，帶出珍妃。

珍妃到太后前，磕頭請安。太后說自己與皇上就要離京了，本想帶珍妃，但兵荒馬亂，萬一出了什麼事，丟了皇家的體面，對不住祖宗，讓她快點自盡。珍妃到此，自知必死，便道：「皇帝應該留京。」

太后不待說完，大聲道：「你眼前已是要死，還說甚麼？」便喝崔某快把她牽出，叫她自尋死路。

光緒帝見這情形，心中如刀割一般，忙跪下哀求。太后道：「起來，這不是講情的時候，讓她就死罷，好懲戒那不孝的孩子們，並叫那鴟梟看看，羽毛尚未豐滿，就啄他娘的眼睛。」

光緒向外一看，見珍妃還是向帝還顧，淚眼瑩瑩，慘不忍睹。珍妃明白皇帝救不了她，便轉過頭來央求李蓮英救她。

太后急了，就對崔玉貴說：「你還不下手？趕快抱著她扔到井裏去！」崔太監便牽出珍妃，把她推到井裏，下井前她掙扎了一番，最後頭朝下，倒栽下去。不到一刻，崔太監回報，已將珍妃推入井中。光緒帝嚇得渾身亂抖。當馬車徐徐西去的時候，他不由得泫然

淚下。

珍妃的死對光緒打擊是巨大的，從此他對一切都失去信心，活著不過等死而已。讓我們把目光暫時投向那段黑白色的歷史歲月……

一八七四年，十九歲的同治帝駕崩，慈禧太后爲再度垂簾聽政，把持朝政，立年僅四歲的醇親王之子載湉爲帝。

他從五歲就開始當上了一國之君，但是實權卻握在慈禧太后手裏。幼小的光緒帝自進宮之日起就失去了童年的歡樂。醉心於弄權施政的慈禧根本無心顧及年幼的光緒。長期飲食失調，缺乏悉心照料，造成光緒帝從小心情抑鬱，精神不快，身體積弱，難以抵禦疾病的侵襲。

《滿清野史》中曾有記述：「載湉自十餘齡，雖爲天子，曾不及一孤兒，後之患痼疾，即由少時衣食不節使然。」光緒皇帝即位十五年後，慈禧太后假託「撤簾歸政」，卻依然控制著政令，掌握著對大臣的任免權。

一八九八年，光緒大婚，迫於「祖制」，慈禧撤簾還政，自己退居頤和園去「頤養天年」。這時雖然說還在所謂「同光中興」時代的尾巴裏，但已經又一次進入了多事之秋，那時的中國在甲午戰爭中被強鄰日本打敗，飽受列強欺凌。年輕的光緒帝面對內憂外患，

毅然採納了康有爲和梁啓超的維新變法主張，滿腔熱忱地接受改良思想，力求富國強兵，振興朝政，大力推行變法。從一八九八年六月十一日起，光緒皇帝宣布變法，頒佈「定國事」詔書等數十道改革詔令，力圖使中國強大。這就是歷史上著名的「百日維新」。

除去親政，更使光緒心悅的是得到一位紅顏知己。據現存的肖像照片看，珍妃鴨蛋臉，雙眼皮，五官清秀，神態端莊。另據史料，她聰明伶俐，才思敏捷，擅長書畫、下棋，還能雙手寫梅花篆字。此外，她性格開朗，善解人意，還敢作敢爲。珍妃十三歲入宮後，見光緒帝一直在慈禧太后疾言厲色下生活，思想上受壓抑，政治上被監視，行動不得自由，內心當是極度的苦悶與煩惱。於是，便千方百計地寬慰他。這對於心情一直陰鬱的光緒帝，無疑是吹來一股清新的風。久而久之，光緒便將她視爲紅顏知己。

珍妃穿帝服扮光緒在宮中行走，也穿太監服玩鬧，常陪光緒在養心殿辦公，頗出宮廷內規，並支持光緒親掌政權，遭慈禧忌恨。但此時的西太后年僅五十有三，掌權已逾二十年，權欲之心與日俱增，豈肯甘心退休賦閒。

戊戌年，光緒裁撤一些無用衙門和昏庸老臣。太后徑調榮祿任直隸總督，雙方矛盾趨於激化。太后在宮廷內外佈滿心腹，以鉗制光緒的行動，並密謀於九月初五挾持皇上去天津閱兵，企圖廢帝，將維新派一網打盡。光緒隨即密召袁世凱，委以重托，派他去天津刺殺榮祿，然後圍執太后。

袁世凱抵天津後，即向榮祿告密，與榮祿回師入京。太后重又垂簾聽政，她利用強大的保守勢力發動了「戊戌政變」，下令捉拿維新派首領。

推行百日的戊戌變法最終在頑固派的瘋狂鎮壓下宣告失敗，譚嗣同等六位維新志士在菜市口被斬殺示眾，通緝康有爲和梁啓超，把光緒皇帝囚禁於四面環水的瀛台。珍妃也被打入北三所壽藥屋，吃的是下人的飯，平常不能與人說話，逢年過節，慈禧太后還要打發太監來訓斥她，就這樣，珍妃在此生活了三年。

從此，光緒皇帝失去了政治權力，也失去了人身自由，過起了以淚洗面的日子，他曾長嘆「吾漢獻帝不如也！」政治上的失意，精神上的孤寂無助，使光緒帝在急怒驚心的處境下，終於精神崩潰，舊病復發，就此再也未能康復。

爲了防止光緒皇帝與外界聯絡，慈禧太后命令將圍牆加修成雙層。水中島嶼瀛台通往勤政殿的橋鋪成活動式橋面，隨用隨拆，橋端設有慈禧太后親信太監的監視房。他只能偶爾憑著一葉扁舟前往北三所探視珍妃。兩人相對無言，執手嗚咽。珍妃勸勉皇上保重身體，來日再展鴻圖。

光緒被多方凌辱折磨。起初慈禧有加以謀害之意，而後又想廢立。光緒帝亦知其險惡用心，日夕驚憂而又無可如何，只能提心吊膽，任人處置，坐以待斃，因而曾哀嘆：「朕並不如漢獻帝也！」支持光緒皇帝變法的珍妃被慈禧太后打入冷宮。光緒身爲皇帝，爲了

與他所愛的珍妃見一面，不得不在深夜由心腹太監冒死拉船偷渡。一九〇〇年，八國聯軍攻入北京時，慈禧太后倉皇出逃，並且逼迫廿四歲的珍妃跳井自殺。

光緒皇帝在囚禁他的瀛台度過了十年。凄涼中度日如年，他的健康每況日下，逐漸心力交瘁，終於在一九〇六年病情惡化。其實精神上的原因——尤其與珍妃從兩情相悅到天人殊途——使光緒失去生活的興趣。

光緒三十四年春，光緒帝已病入膏肓，御醫曹元恒在醫案中寫道：「肝腎陰虛，脾陽不足，氣血虧損，治療上已寒涼及溫燥藥均不能用。」此時的光緒帝已患有嚴重的精神官能症、關節炎、骨結核、血液也出現了毛病。爲此，光緒本人也甚爲焦躁絕望，多次申斥御醫無能，處方草率。

進入光緒三十四年十月十七日，光緒的病情進入危急階段，先後出現肺炎與心肺衰竭等症狀。十月二十一日子刻，光緒帝已進入彌留狀態，肢冷氣陷，雙目上翻，牙齒緊閉；午刻十分，脈息若有若無；酉刻，生活上孤寂凄涼，政治上憂憤失望，身體上飽受病痛折磨，帶著對世間的愛與怨，三十八歲的光緒帝走完了他悲涼的一生，「崩於瀛台之涵元殿」。

就在他死去的第二天下午，他的母后兼政敵——操縱清末政權幾達半個世紀之久的慈禧皇太后，亦病死於中南海的儀鸞殿內，終年七十四歲。

皇帝與太后在不到二十四小時之內相繼謝世，鑒於他們二人生前的關係又是如此對立和微妙。消息傳出，中外驚愕，頓時成爲當時中外的要聞，各種評論和猜測，亦隨之而起。

由於光緒帝生前的坎坷遭遇，世人對光緒帝的坎坷一生寄予無限地同情，許多人都懷疑他是被謀害而死的。至於光緒帝究竟是被誰所害，以及如何被謀害而死的具體情節，則又傳說各異，莫衷一是。歷史之迷就這樣留給了後人：是不是慈禧太后害死了光緒皇帝？

輿論認爲，慈禧太后自知將不久於人世，爲避免光緒帝他日再掌朝政，於是命人將光緒帝先行謀斃。年紀輕輕的光緒反而死在七十四歲的慈禧前面，而且只差一天，這不是巧合，而是處心積慮的謀害。於是，光緒被人謀害致死的種種說法便產生了。

徐珂所編的《清稗類鈔》等書中認爲，西太后在臨死之前，自知即將不起，不願她的政敵——光緒帝在她死後再掌朝政，於是令人將光緒帝先行謀斃。持這種說法的，還有惲毓鼎的《崇陵傳信錄》。

《崇陵傳信錄》中寫道：西太后病重時，有人告訴她，說光緒帝很高興，於是慈禧大怒曰：「我不能先爾死」，光緒遂死。

還有一種說法認爲，清宮大太監李蓮英等人平日裏仗著主子慈禧的權勢，經常中傷和愚弄光緒，他們深恐慈禧死後，光緒重新主政對自己不利，所以先下手爲強，在西太后

將死之前，先將光緒帝害死。如《清室外記》中曾謂「皇帝賓天之情形及其得病之由，外人無由詳知，惟藏於李蓮英輩之心中。」持這種說法的，還有英國人濮蘭德・白克好司的《慈禧外記》及德齡的《瀛台泣血記》，傳播也十分廣泛。

清朝末年曾在宮中擔任過兩年女官的德齡女士，在所著的《瀛台泣血記》一書中，更十分肯定是「萬惡的李蓮英眼看太后壽命已經不久，自己的靠山快要發生問題了，便暗自著急起來。」據德齡的記載，光緒帝之死，係李蓮英下毒手所致。

還有人認爲，光緒帝之死與袁世凱有關。末代皇帝溥儀在《我的前半生》一書中談到，袁世凱在戊戌變法中背信棄義，導致光緒帝被囚，袁擔心一旦慈禧死去，光緒絕不會輕饒了他，所以借進藥的機會暗中下毒，將光緒毒死。書中寫道：

「我還聽見一個叫李長安的老太監說起光緒之死的疑案。照他說，光緒在死的前一天還是好好的，只是因爲用了一劑藥就壞了，後來才知道這劑藥是袁世凱使人送來的……據內務府某大臣的一位後人告訴我：光緒死前不過是一般的感冒，他看過那些藥方，脈象極爲平常，加之有人前一天還看到他像好人一樣……病重消息傳出不過兩個時辰，就聽說已經『晏駕』了。」

還有的人，雖不能肯定是誰害死光緒帝的，但卻肯定地說光緒帝確是被害而死的。曾經是清宮御醫的屈桂庭，曾在《逸經》雜誌第二十九期上發表文章說，他過去曾親自爲光

緒帝治過病。他說在光緒臨死的前三天，他最後一次進宮爲皇上看病，發現光緒帝突然腹部劇痛，他認爲「此係與前病絕少關係」。

三天之後，光緒帝就去世了。他的這篇文章，影響頗大。

由於有了上述種種傳聞，遂使光緒帝之死成爲晚清歷史上的一大疑案。而且，因爲這一疑案是發生在皇宮內廷，人們無從知道它的真實內幕，所以數十年來，這一疑案始終懸而不決。正如《清室外紀》一書所說：「皇帝賓天之情形及其得病之由，外人無由詳知……關於太后、皇帝同時而崩，北京城中，言人人殊，然欲查其原因，則實毫無線索。」

光緒帝到底是怎麼死的，九十年後的今天，透過一份份檔案和大量文獻記載，終於向世人揭示了這一真相：光緒帝確實是由於長期多系統的慢性消耗疾病，最後體力衰竭而死，並非他人所毒死。

在中國第一歷史檔案館所藏的清宮檔案中，已發現了大量的光緒帝的病案。既有當年御醫爲光緒診病用藥的原始病歷，也有光緒本人口述或親書病史病狀的「病原」，尤其是光緒臨死前半年的「脈案」保存得相當完整。

中國第一歷史檔案館清史檔案專家會同中國中醫研究院醫學專家，對光緒病案進行了深入系統的研究。專家認爲，光緒自病重至臨終之時，其症狀演變屬於進行性加劇，並無

特別異常症狀出現，既無中毒或其他傷害性的徵象，也沒有突然性暴亡的跡象，應該屬於正常病死。同時證諸文獻記載，清廷對於籌辦光緒帝喪事的措施，早在西太后患病之前就有所準備，並非因西太后自知不起，必欲先制光緒於死命而臨時倉猝之所為。

一九八〇年，清西陵文物管理處在清理崇陵地宮時，發現光緒遺體完整，體長一點六四米，無刃器傷痕；通過化驗頸椎和頭髮，也無中毒跡象。這與清史檔案專家、醫學專家的分析判斷相吻合。至於為什麼光緒偏偏比慈禧早死一天，只能說是歷史偶然的巧合了。

但是光緒自幼在慈禧嚴辭訓斥下長大，沒有母愛，心情抑鬱，至於飲食既乏人悉心照料，寒暖更無人隨時關懷。因而他從小心情抑鬱，精神不快，造成身體積弱，難以抵擋疾病的侵襲。《滿清野史》一書中，曾引光緒帝身邊的太監寇連材的《宮中日記》說：「凡人當幼時，無不有父母以親愛之，顧復其出入，料理其飲食，體慰其寒燠。雖在孤兒，亦必有親友以撫之也。獨皇上無人敢親愛之。」又《崇陵傳信錄》中所述：「緬維先帝，禦宇不為不久。……無母子之親，無夫婦昆季之愛，無臣下侍從言燕遊暇豫之樂。平世齊民之福，且有勝於一人之尊者。」成人後又遭受慈禧嚴酷政治打擊，特別是聞知心愛的珍妃被慈禧下令推入井中害死後，精神徹底崩潰，舊病復發，日趨沉重，再也無法康復。從這個意義上說，民間傳說認為是慈禧置光緒於死地，則又並非全無道理了。

但一些學者不同意以上的因病而亡的說法，認爲僅據脈案、藥方尚難揭破內幕。因爲在西太后一手遮天的情況下，脈案可以受命「揑造」。總之，光緒「駕崩」之謎，目前還未能真正解開。

稱霸歐洲的狼子野心

《彼得大帝遺囑》偽造秘事

彼得一世（一六七二～一七二五），於一六八二年至一七二五年間統治俄國，他是一位征服者，也是一位改革者，努力使俄羅斯現代化。在他的專制統治下，他夢想將俄國轉變為歐洲的強權之一，在他在位期間，俄國幾乎無日不戰。人稱彼得大帝。

歷史上著名的《彼得大帝遺囑》，全稱《彼得大帝統治歐洲的計畫》，一八三六年由法國人德奧在自己的回憶錄中首次公佈於世。

整個《彼得大帝遺囑》的正文部分共有十四條，主要內容如下：（一）俄國將長期保持戰爭狀態；（二）積極網羅各類人才；（三）積極參與歐洲事務；（四）計畫瓜分波

蘭；（五）征服瑞典；（六）王室聯姻；（七）積極尋求與英國結盟並與之通商；（八）沿黑海、波羅的海向南北擴張；（九）挺進君士坦丁堡；（十）對奧地利行使某種保護；（十一）挑動奧地利與歐洲各大國作戰；（十二）全面統治希臘；（十三）利用法國與奧地利中的一個制服另一個；（十四）征服日爾曼和法國。

通過這份《彼得大帝統治歐洲和計畫》，沙皇俄國企圖稱霸歐洲，甚至整個世界的狼子野心躍然紙上。由於《彼得大帝遺囑》與諸多國家的安全密切相關，它先後被翻譯成多種文字出版，在各國流傳甚廣。

這種《遺囑》是真的嗎？德奧又是從那裏得到的，來源的合理與否至關《遺囑》的真僞。爲此，德奧承諾他公佈的資料絕對真實，他還向世人詳細描述了他發現《遺囑》的全過程。

德奧是法國機要局成員，奉命打入俄國宮廷竊取情報。當時，是彼得大帝的女兒伊莉莎白執政，伊莉莎白欲海情深，在俄國宮廷中豢養了一些「面首」供她隨時享樂，而德奧因爲長得英俊瀟灑，人又聰明機警，善於察顏觀色，很快就成了一位頗爲走紅的面首。在特殊身分的掩護下，德奧不僅可以任意出入宮廷，還可能隨便翻閱歷代沙皇的絕密檔案。他是在聖彼德堡城郊的沙皇夏宮中，在堆積如山的檔案中意外發現《彼得大帝統治歐洲的計畫》的。看後覺得意義重大，便毫不猶豫，迅速將此計畫全文抄錄下來。

奧德的自白，可信度到底有多大？許多人認爲從邏輯上看，是可以信服的。德奧確實是曾打入俄國宮廷的法國間諜，完全有可能獲悉俄國宮廷內部的一些絕密消息和資料。在德奧將所獲得的《彼得大帝統治歐洲的計畫》呈遞給法國國王四十二年後，一個流亡法國的波蘭將軍索科爾斯基曾向法國執政府提交了一份據稱是從沙皇俄國的檔案中發現的《俄羅斯擴張計畫概要》，內容竟然與德奧呈遞的那份《彼得大帝遺囑》基本相同，這是否也爲德奧的自白增加一點可信度呢？

參照歷史，我們發現《遺囑》上這些內容，與彼得一世的一生努力是吻合的。十七世紀的俄國是一個遠離海洋的內陸國家，彼得一世代表了俄國農奴主和新興商人的利益，要求奪取出海口，開闢新市場。彼得一世上臺以後，立即著手制訂了征服世界的「藍圖」。彼得一世發動了長達廿一年之久的北方大戰，戰勝了瑞典，奪取了波羅的海出海口。接著與波斯一決雌雄，獲得里海沿岸一帶。此後，又瓦解了波蘭武裝力量，兩次對土耳其作戰。

一七一二年，彼得一世下令將沙皇的首都由莫斯科轉移到彼得堡，窺視整個歐洲。彼得一世還命令俄國海軍總司令阿普拉克辛找到一條經北冰洋到中國的航線。彼得一世的一生是窮兵黷武的一生，他盡畢生之力，終於使俄國從一個完全的內陸國家變成了一個瀕海帝國。

當然，德奧在邏輯上還是留下許多疑點。最重要的就是，像《遺囑》這般高級機密的國家文件怎麼可能竟夾在堆積如山的一般檔案中？而且各國制定侵略計畫多極注重措辭的含意無窮。而《遺囑》全文的表述方式過於露骨，用詞也極其平淡，不僅不像宮廷中的遺詔，就連普通高級知識份子的遺書也比不上。這些都是令人頗爲懷疑的。

從歷史學上講，《遺囑》中的內容雖然符合彼得一世的一貫主張，但聯繫彼得一世死前相關情況，則德奧的自白可謂是漏洞百出。一些歷史學家廣泛閱讀了彼得當年的歷史記載，發現，一七二四年冬，俄國沙皇彼得一世巡視芬蘭灣後，暴發肺炎，一病不起。一七二五年一月七日下午，彼得一世已經處於彌留之際，在勉強寫下「將一切傳給」幾個字後便已無法再度提筆。彼得一世下令將公主叫來，擬口授遺囑。可是當公主趕來時，彼得一世早已昏迷不醒，此後便一語未發，直至一月八日凌晨死去。這說明彼得一世既沒有留下書面遺囑，也沒有留下口頭遺囑，甚至連繼位的遺囑也未留下，又怎麼可能有條理如此清晰的《彼得大帝遺囑》呢？

這麼說，《遺囑》是僞造的了，那是誰僞造的，又是出於何種動機呢？最大的嫌疑人便是德奧本人，因爲是他最早公佈這一《遺囑》的。他可能是爲了邀功請賞而杜撰的。至於索科爾斯基發現的《俄羅斯擴張計畫概要》或許只是與德奧不謀而合。

在沒有更確鑿的證據發現之前，《彼得大帝遺囑》也許還只是一個謎。

千古風流人物

蘇東坡被權臣彈壓秘事

蘇軾（一〇三七～一一〇一），字子瞻，號東坡居士，眉山（今四川）人，北宋著名文學家、書畫家。嘉祐進士，曾任員外郎，知徐州等，後官至禮部尚書，後又遭貶謫惠州，病卒於常州。其文采飛揚，廣博學海，其詩汪洋高曠，明快暢達，清新豪健，為「唐宋八大家」之一。其行書、楷書自成一體，創有新意。著作有《東坡七集》等，其詩《前赤壁賦》氣勢磅礴，千年傳誦。

一〇七九年夏天，烏台台史皇甫遵奉令到湖州緝拿蘇東坡，從而釀成宋代一場有名的文字獄，其中充滿了個人與黨派之間的矛盾，整個案件曲折複雜。事情過去千年，面目更

加模糊。蘇東坡是怎麼捲進這場鬥爭的呢？讓我們先從王安石推行新法講起。

王安石在擔任浙江鄞縣等地方官時，曾試行了若干改革措施，逐漸形成了一整套變法理論和方案。一〇五八年，他寫了長達萬言的《上仁宗皇帝言事書》，提出「因天下之力以生天下之財，取天下之財以供天下之費」的經濟政策。一〇六九年，宋神宗啓用王安石爲宰相，開始了歷史上有名的變法運動。

蘇東坡也是一個滿腹韜略的改革家。他不僅在文學上、藝術上，而且在政治上都極富於改革和創新精神。無論在科考時所寫的《進策》，還是後來進的《思治論》及其他奏章，都主張針對現實，大力興革，並提出了自己一整套富國強兵的改革方案。他和王安石的政治主張不同，誰也不願意屈從於誰。蘇軾認爲王安石是個急進的變法派，其結果必然是欲速則不達。在變法的具體內容和方法、步驟及用人諸方面，也諸多不合之處。

蘇東坡一定要提醒宋神宗這一點。於是，他先寫了一個意見書，意在試探皇帝納諫的氣量，當瞭解到皇上對自己的支持後，便從對宋朝廷的一片孤忠出發，對王安石變法做了全面的批評。蘇東坡對神宗說：「王安石不知人，不可大用。」他認爲王安石依靠一些投機取巧的人來推行新法，必然會產生許多事與願違的現象。蘇東坡又把新法比作毒藥，說：「今日之政，小用則小敗，大用則大敗，若力行不已，則亂亡隨之。」

蘇東坡和王安石在政治上的不和，在民間流傳許多歷史笑話。例如，王安石撰寫過

一本《字說》，主要是對字的本義做解說。在這本書中，王安石曾解釋「波」字爲「水之皮」也，蘇東坡認爲不能一概而論，曾就此戲謔道：「波」若是「水之皮」，那麼，「滑」就是「水之骨」了。這下搞得王安石很尷尬。不過，王安石也著實教訓了蘇東坡。明話本小說集《警世通言》中有《王安石三難蘇學士》一篇，便集中反映了這件事，同樣使蘇東坡狼狽不堪。

其實蘇東坡的意見並非沒有道理，變法的結果證明他預料的問題都發生了。他如能在當時對新法提出一些補偏救弊的辦法，也許能收到好的效果。蘇軾坦率敢言的性格是好的，但他過於自信，沒有看到新法的優點，沒有考慮到新皇帝興革的勁頭十足，王安石正以極大的魄力把新法方案全面展開，不可能看到他的意見書，就停止施行。這就有些不識時務了，因此上書之後，王安石自然不能採納，其手下人還吹毛求疵地想抓蘇軾的辮子，蘇軾感到不妙，連忙請求從京城調走，宋神宗准奏。

蘇東坡除上書反對王安石的新法外，還寫了一些諷刺新法的詩文。他與王安石爲首的變法集團之間的成見愈來愈深。果然，王安石的姻親、御史知章事謝景溫便誣奏蘇東坡，說他在蘇洵去世，扶柩返川時，曾在舟中販運私鹽。謝景溫還下令追捕當時的船工，並鞭打拷問，想獲得蘇東坡的罪證。但蘇東坡卻若無其事，只要求朝廷放他下去任地方官，以避免這些人的糾纏。

王安石是個有相當氣度的人，對蘇東坡的出言不遜比較寬容，一般都不予追究。但當他下臺之後，蘇東坡的處境就非常險惡了。由於王安石遭反對派的圍攻，不得不罷相。在他職辭前，其手下呂惠卿指使他人向神宗寫信，要求挽留王安石。王安石也向神宗建議，由韓絳代替自己的職務，呂惠卿爲參知政事。但呂惠卿不甘屈居副手，一方面排斥韓絳，另一方面又反過來攻擊王安石，以防他再度爲相。

韓絳覺察到呂惠卿的司馬昭之心，估計自己鬥不過他，便密請神宗復用王安石。次年，王安石再度爲相，呂惠卿被貶爲陳州太守。呂惠卿不甘失敗，上告、攻擊王安石有欺君之罪，這樣，王安石再度罷相。

王安石的下臺，使具有社會意義的變法運動淪爲純粹排斥打擊異己的無聊鬧劇。蘇東坡對這幫變法分子的譏嘲使他們心有芥蒂，不除掉蘇東坡他們是絕不會安心的。自一〇七九年六月開始，御史何正臣、李定，國子博士李宜等人先後四次上書，彈劾蘇東坡。他們將蘇東坡吟詠的詩句，擇其要害部分彙集成冊，在神宗面前大進讒言。何正臣等人攻擊蘇東坡包藏禍心，訕上罵下，愚弄朝廷，「無尊君之義，虧大忠之節」，要求將蘇東坡正法，以正風俗民心。

這些新黨分子蓄意加在蘇東坡身上的罪名純屬斷章取義，捕風捉影。如東坡《八月十五日看潮五絕》中有一句「東海若知明主意，應教斥鹵變桑田」。這句詩的意思是說，

假如東海龍王領會宋神宗禁止弄潮的旨意，就應該把滄海變爲桑田，讓弄潮兒得以耕種自食，免得這些人再去「冒利輕生」。而舒宜則存心陷害忠良，說這句詩是反對農田水利法，蘇軾攻擊的矛頭正是當時的皇帝宋神宗。如此種種，都羅織在蘇東坡的罪名裏。

當時，朝廷中還是有不少正直的人，不過，迫於形勢，他們只能對此保持沉默，因爲新黨的勢力正如日中天。在新黨的一番鼓搗下，蘇東坡的罪名最終確立了，新黨分子皇甫遵自告奮勇，前去湖州拘捕蘇東坡歸案。駙馬都尉王詵是蘇東坡的好友，他得知消息後，立即遣人馳告蘇轍，要他火速派人轉告遠在湖州的蘇東坡。由於皇甫遵在途中因事耽擱了半天，蘇東坡先他到來之前就得此惡訊，然而他處變不驚。蘇東坡對到來的皇甫遵說，自己既然激怒了朝廷，必死無疑，且讓與家人訣別。頓時，家中上下哭聲一片。

蘇東坡在長子蘇邁的陪同下啓程了。爲了不牽累他人，蘇東坡在途中曾有過自殺的念頭。但一想到骨肉情深的弟弟和家人，蘇東坡就打消了這個念頭。蘇東坡於八月十八日被捕，不久就押送御史台受審。一開始，蘇東坡就稱自己無罪，把新黨分子李定之流，駁得無言以對。後來，蘇東坡同朝廷內外大臣相互往來唱和的詩作被抄獲，他只好承認與人有詩賦往還，不過他從未隱瞞這些詩作，至於其中的內容如何，就看如何解釋了。

在審訊期間，蘇東坡被搞得幾乎精神失常，最後不得不在一連串供詞上簽字：「入館多年，未甚擢進，兼朝廷用人多是少年，所見與軾不同，以此撰作詩賦文字譏諷。意圖眾

人傳看，與軾所言爲當。」

審問結束大約是在十月初，結果，朝廷上對「烏台詩案」意見不一。李定之流是欲置蘇東坡於死地而後快的，也有人惟恐避之不及，生怕連累自己，當然，挺身而出救蘇東坡的人也不是少數。弟弟蘇轍表示願以自己的官職爲蘇東坡贖罪。其實最後的生殺予奪之權還是操在神宗手裏。神宗對「烏台詩案」的態度是模稜兩可。不過，他很賞識蘇東坡的才華，並且也不滿李定之流牽強附會的做法。

最終，神宗皇帝對蘇東坡進行了寬大處理，據推測，其中的原因是他不敢開宋朝殺讀書人的先例。當年仁宗皇帝視蘇氏兩兄弟爲國家之寶，而現在自己將蘇東坡投入監獄，恐怕後世會議論自己是非不分。剛剛做宰相的吳充也對神宗說，就連曹操這樣猜疑的人，還能容得下彌衡，陛下以堯舜爲榜樣，爲何就容不下蘇東坡呢？最後，恐怕還是與蘇東坡有嫌隙的王安石說了句「豈有盛世而殺才士乎」最頂用。如此一來，神宗便對蘇東坡從輕發落了，蘇東坡從此心灰意懶，乾脆改名「東坡居士」，寫詩做文，再也沒有興趣過問政治了。

蘇東坡一生四十餘年的仕宦生涯，基本上是在北宋中晚期封建統治集團內部複雜而又激烈的黨派鬥爭中度過的。由於他鮮明的政治態度和孤傲的性格，使他既無法見容於變法派，也未能見容於反變法派，並因此被讒罹禍，兩遭貶黜。

東坡肉的由來

蘇東坡在杭州做刺史的時候，用心治理西湖，不但風調雨順，杭州四鄉的莊稼都得到大豐收。老百姓為了感謝蘇東坡，過年時，大家就抬豬擔酒來給他拜年。蘇東坡收下了豬肉，叫人把它切成方塊，燒得紅紅的，然後再按治理西湖的民工花名冊，每家一塊，將肉分送給他們過年。人人都誇蘇東坡是個賢明的父母官，並將他送來的豬肉命名叫做「東坡肉」。當時，杭州有家大菜館，老闆見人們都誇說「東坡肉」，就和廚師商量，也把豬肉切成方塊，並掛出牌子，也取名為「東坡肉」，一時間，不論大小菜館，家家都有「東坡肉」了。「東坡肉」也成為杭州的一道名菜。

功與名的歸屬

「晉陽兵變」秘事

唐高祖（五六六～六三五）李淵，唐王朝的建立者。其出身貴族，襲唐國公，隋末起兵，攻取長安，於六一八年建立唐朝。在位期間，因兒子之間爭鋒火拼，於玄武門之變後退位，傳帝位於次子李世民，自稱太上皇。

西元六一七年（隋大業十三年），在古代兵家重鎭晉陽城裏，開始了一場反隋的戰爭，李淵、李世民父子率兵推翻了隋王朝，這就是歷史上著名的「晉陽起兵」。它作爲隋亡唐興過程中的一件大事被載入歷史。但是，「晉陽起兵」的首謀是誰呢？有的說是高祖李淵，有的說是李淵的兒子李世民，自唐初以來一直爭論不休，沒有一個定論。

《新唐書》和《舊唐書》真實地記錄了兩唐的歷史。《新唐書》對這件事的解釋是「高祖起兵太原，非其本意，而事出太宗」。《舊唐書》則這樣說：「我兒誠有此計，既已定矣，可從之。」《資治通鑑》的很多資料取材於《舊唐書》，根據兩唐書，斷定「起兵晉陽也，皆秦王之謀」，「高祖所以有天下，皆太宗之功也」。兩個「皆」字，李世民佔有這件事的所有功勞，書中斷定太宗是首謀決策者，好像已經成為定論，確鑿無疑。

後世史家亦根據這些記載，大肆渲染李淵的荒淫無能，認為他胸無大志，只知沉溺於酒色，屬於無能之輩，根本不可能晉陽起兵，他之所以能夠成為唐王朝的創始人，主要是依靠李世民的雄才膽略，而且，他起兵的事情也是被迫的，是李世民把他拉上「賊船」的。那麼，史實是怎樣的呢？

要想知道這個問題的真正答案，我們先從史臣記載的當代史談起，然後再從晉陽起兵的全過程中找到這個問題的答案。

首先從當代史的成書過程看。李世民是一個具有謀略和戰功的皇帝。在他執政時期，不僅重視編纂往代歷史，而且也十分重視編撰當代史。貞觀十四年，他很不滿歷代帝王不讀國史的做法，要求房玄齡等史臣「欲自看國史」，房玄齡等史臣用編年體刪略國史，撰「高祖、太宗兩朝實錄各二十卷，表上之」。

這兩朝實錄，記載了當代皇帝的說話行事，他們知道太宗會閱覽的，經刪略後，必

然會有所改變。如對於「玄武門之變」的記述，司馬光就認爲它「語多微隱」，將「玄武門之變」中的兄弟相殘的戰鬥，比作與「周公誅管蔡而周室安，季友鴆叔牙而魯國寧」相類，就有違史實。這是兩唐當代史有刪改的證明，新舊《唐書》、《資治通鑑》沒有經過實證，以《高祖、太宗實錄》爲依據來寫成，從表面上看，好像是有理有據，但詰諸史乘和成書之經過，也不完全是可信的。「玄武門之變」可「語多微隱」，「晉陽起兵」誰是決策者，似也可憑「己愛曲事刪改」以來取悅太宗。

其次，從李唐反隋的全過程看，李淵好像是主要的決策者。據史載，早在晉陽起兵前，李淵就曾命他的兩個兒子李建成和李世民在河東和晉陽招募英雄豪傑，爲起兵做了組織上的準備。接著，李淵又憑藉他的謀略，穩住了隋煬帝，讓隋煬帝沒有發現自己的企圖，爲起兵爭取了充裕的時間。他在太原擔任太原留守的期間，很快獲得了太原的英雄豪傑的支持，成爲關中地主信賴的人物。如西元六一一年（隋大業七年），楊玄感起兵前，任衛尉少卿的李淵，經懷遠督運糧草（今遼寧朝陽縣附近）路過涿郡，就曾與人詳細地探討時勢。楊玄感起兵後，他卻一直不肯發兵，表明他也是一個很有政治謀略的人。隋末之際，各地紛紛起兵反隋，均以失敗而告終，只有李淵推翻了隋朝。

歷史證明，他選擇大業十三年於晉陽起兵，爲他的勝利奠定了良好的基礎。再如「晉陽起兵」，史籍也證明這是李淵蓄謀已久、起兵反隋的開始，他攻入長安後，即與民「約

法三章」，很快使關中秩序穩定了，掌握了擁有財產的地主階級，順利地獲得了起兵的勝利。他在隋末起兵的各路豪傑中，無疑是最有遠見的，因而取得了地主階級的支持，推翻了隋朝，建立了唐王朝。

出於前述的質疑，陳寅恪曾指出：「後世以成敗論人，而國史復經勝利者之修改，故不易見當時真相。」（《隋唐政治史述論稿》）；呂思勉也說：「謂高祖起兵，太宗有大力焉則可，謂其純出太宗則誣矣。謂其素無叛隋之心固不可也。」（《隋唐五代史》上冊）此後，有的學者同意陳寅恪的觀點，認為「晉陽起兵」是秘密叛隋的行動，是秘密發動的反隋行動，其真相很難有人清楚的知道，及經貞觀史臣的曲筆後，就更難知道它的真相了；有的學者則贊成呂思勉的意見，並進一步指出李世民是「晉陽起兵」的一個參加者和決策者，但首謀並不是他。

大業十三年，年僅二十歲的李世民雖然在「解雁門之圍」等戰役中開始引人注目，但無論從資歷還是聲望上，李淵有過之而無不及。李世民以「聰明勇決、識量過人」的才智，參與了「晉陽起兵」，是一個重要的人物，這是事實，但這都是執行李淵的命令；他在「晉陽起兵」時的組織和領導作用，比起他的父親要差些的。公平地說，參加「晉陽起兵」，只是標誌著李世民走進政治領域。

有的論者還根據李世民的行為方式，探討了為什麼會有此謎形成。他們認為，李世

民的皇位不是合法的繼承他的父親的皇位，而是經過「玄武門之變」這樣的殺兄滅弟事件取得的，這種行動，當然遭到了正統理論的批評和指責。他當皇帝後，就命史臣撰《國史》，爲自己尋找正當的理由。史臣們也絞盡腦汁，把問題的焦點放在「晉陽起兵」的密謀上，掩蓋了高祖的首要決策者的重要性，而把太宗捧爲晉陽兵變的首要人物，使太宗成了李唐王朝的真正奠基人，這樣一來，使他的皇位獲得了「合法性」，就留下了「千秋功罪，後人評說」的懸案。

「晉陽兵變」已經過去一千三百多年了，燦爛輝煌的漢唐文明也已成爲過去，尋找這個問題的答案也許並不重要，重要的是通過對這個答案的探討，讓我們又重溫了漢唐文明的那一歷史時刻。

甘苦兩重天

孟皇后被屢廢屢立秘事

宋哲宗趙煦（一〇七七～一一〇〇年），宋朝第七位皇帝。在位十五年，得年廿四歲，是北宋壽命最短的皇帝。哲宗登基時，只有十歲，由高太皇太后執政，任用保守派大官司馬光為宰相。宋哲宗是北宋較有作為的皇帝。但是新黨與舊黨之間的黨爭不但沒有獲得解決，反而更形嚴重，種下了北宋滅亡的遠因。

太皇太后去世後，宋哲宗開始親政。他立即召宦官劉瑗等十人入內參與政事。翰林學士范祖禹入諫說：「陛下親政，未訪一賢臣，卻先召內侍，天下將會議論陛下私暱近臣，此事斷然不可。」

哲宗默然不發一言，好似不聞不見。宋哲宗冊立馬軍都虞侯孟元的孫女孟氏為皇后。孟氏端莊有禮，宣仁太后和欽聖太后向氏皆對賢淑溫婉的兒媳非常滿意。哲宗皇帝雖不大寵愛孟氏，但對她仍禮遇有加。不久，孟皇后誕下女兒，封為福慶公主。

哲宗最寵愛的卻是劉婕妤，劉初為御侍，明豔冠於後庭，得以專寵。奸臣章惇、蔡京鑽營宮掖，依恃劉婕妤。哲宗耽戀美人，只要劉婕妤歡心，恨不得天上的月亮也要摘下來。劉婕妤陰圖孟皇后的位置，外結章惇、蔡京一幫虐臣，內連郝隨、劉友端一幫宦官。她恃寵成驕，一度輕視孟后，見面也不循禮法。在禮法甚嚴的宋代宮廷，一個妃子敢於越禮，完全倚靠皇帝為後盾。孟后性情和淑，從沒有為此與她爭論短長。只有中宮的內侍，見劉婕妤驕倨無禮，心裏往往代抱不平。

紹聖三年，孟后率諸妃嬪等朝景靈宮，禮畢，孟后就坐，諸嬪御都在一邊立侍，只有劉婕妤輕移蓮步，退處簾下去看花。孟后雖也覺著，卻沒有說什麼。侍女陳迎兒口齒伶俐，這時看不下去，她高聲說：「簾下什麼人？為什麼亭亭自立？」

劉婕妤聽了，非但不肯過來，反而豎起柳眉，怒視陳迎兒；忽然又扭轉嬌軀，背對孟后。陳迎兒還想再說，孟后以目示意她不要多口。孟后返宮後，劉婕妤臉上還帶著三分怒意。只是無從發洩，暫時忍耐。

冬至來臨，后妃按例要謁見太后，到了隆佑宮，太后還沒有起來，眾妃坐在殿右等

著。按規矩，只有皇后可以坐朱漆金飾的椅子，劉婕妤一個人站在一旁，不願坐下。她的隨從郝隨知道劉婕妤心裏的想法，於是替她換了把椅子，也是朱漆金飾，與皇后的一樣。

劉婕妤剛坐下，突然有一人傳呼：「皇太后出來！」孟后與諸妃嬪相率起立，劉婕妤也只好起身。哪知等了片時，並不見太后身影，后妃又陸續坐下。劉婕妤也隨著坐下去，不料椅子卻被搬走，她一下坐了個空，仰天跌在地上。侍從連忙扶起，已是玉山頹倒，雲鬟蓬鬆。恐怕玉臀也變成了杏臉。原來有人不滿劉婕妤所爲，於是故意誤傳太后到臨，然後趁機取走劉婕妤的椅子。

妃嬪都相顧竊笑，連孟后也忍不住。劉婕妤驚忿交集，只是在太后宮中，還不敢發作，只好咬住銀牙，強行忍耐，但眼中的珠淚，已不知不覺的流下來。

回宮後，劉婕妤餘恨未息。宦官郝隨勸慰說：「娘娘不必生氣，若能早爲官家（宋朝稱皇帝為官家）生子，不怕此座不歸娘娘。」

劉婕妤恨恨地說：「有我無她，有她無我，總要與她賭個上下。」

正巧值哲宗進來，她也不去接駕，直至哲宗走到身邊，才慢慢站起來。哲宗見她淚皆熒熒，玉容寂寂，不由的驚訝逾常，便問：「今日太后有甚麼斥責？」

劉婕妤嗚咽說：「太后有訓，理所當從，怎敢生嗔？」

哲宗說：「此外還有何人敢惹卿？」

劉婕妤陡然跪下，帶哭語說：「妾被人家欺負死了。」

哲宗說：「有朕在此，何人敢來如此，卿且起來！好好與朕說。」劉婕妤只是哭著，郝隨即在旁跪奏，陳述大略，卻一口咬定是皇后的陰謀。

哲宗說：「皇后循謹，肯定不會有這種事。」

劉婕妤隨即說：「都是妾的不是，望陛下攆妾出宮。」說著，枕在哲宗膝上，抽泣嬌啼。

哲宗哪有不憐惜的道理，免不得軟語溫存，好言勸解，又令內侍取酒肴，與劉婕妤對飲消愁，待到酒酣耳熱，已是夜色沉沉，便就此留寢。

劉婕妤雖依仗哲宗寵愛，處處針對孟后，可是孟后深得兩宮太后歡心，要使哲宗決心廢后並不容易。

這時，孟后的女兒福慶公主得病，醫治無效，孟后的姐姐頗知醫理，公主也讓她診治，卻始終沒有起色。她沒有辦法，遂出宮去打聽有何名醫，有人對她說：「京城裏新來了一個道士，善能書符治病，大有起死回生的妙術，一經他手沒有不好的。」

她正在窮極無法之際，也不計及利害，便去向道士求了一張張符帶進宮來，以符水來治公主的病。

孟后知道後大驚，對其姐說：「你不知宮中禁嚴，與外間不同麼？倘被奸人藉端播

弄，這禍事就不小了！」

等哲宗入宮，孟后說了事情的原委。哲宗說：「這也是常情，她無非是求速療治。」

誰料不久宮中已造謠構釁，因孟后的身體也不舒服，孟后的養母燕氏、女尼法端、供奉官王堅，為孟后禱祠。郝隨等捕風捉影，專伺后隙，立即密奏哲宗，懷有異心，用妖人咒詛宮廷。哲宗命逮宦官、宮妾三十人究治。所派的人都受劉婕妤支使，濫用非刑，把人犯盡情搒掠，甚至體無完膚，然後憑空架造冤獄。

哲宗詔令侍御史董敦逸復審。董敦逸見罪人都氣息奄奄，無一人能出聲，觸目生悲，也不忍下筆。郝隨防止他翻案，虛詞恫嚇。董敦逸畏禍，只得按原讞覆奏。哲宗竟下詔廢去孟后，出居瑤華宮，號華陽教主玉清靜妙仙師，法名沖真。

廢后的詔旨一下，寒冬的天氣忽然變做六月一樣，異常酷熱，早已棄捐了的紈扇，宮人紛紛從箱裏翻出來。忽又陰翳四塞，雷雹交下，董敦逸良心不安，於是上奏說：「中宮之廢，事有所因，情有可察。詔下之日，天為之陰翳，是天不欲廢后也；人為之流涕，是人不欲廢后也。願陛下暫收成命，更命良吏復核此獄，然後定讞。如有冤情，寧譴臣以明枉，毋誣后而貽譏。」又說：「臣覆錄獄事，恐得罪天下後世。」

哲宗大怒，對群臣道：「敦逸反覆無常，不可在言路。」

曾布說：「陛下本以獄案是近臣推治不足準信，故命敦逸錄問，而今大案始定，就

貶錄問官，何以取信中外？」哲宗才將董敦逸擱過不提。不久哲宗也明白過來，自語說：「章惇誤我。」

中宮虛位，劉婕妤一心望著冊使，卻沒有封她爲后的音信，最後只晉封了賢妃。劉婕妤可以除去孟后，多靠章惇、蔡卞等人。

哲宗廢去孟后，心裏也很後悔，蹉跎了三年，沒有繼立中宮。劉婕妤朝晚盼望，枕席上也格外獻媚，卻始終得不到冊立的消息，她讓內侍郝隨及首相章惇內外請求，哲宗還是沒有立后的意思。劉婕妤彷徨憂慮，此時只有一線希望，乃是後宮嬪御都不生育。天下事無巧不成話，劉婕妤竟然懷妊，至十月分娩，生下一個男嬰。

哲宗大喜，命禮官備儀，冊立劉婕妤爲皇后。右正言鄒浩諫阻說：「立后以配天子，怎麼可以不慎重？仁宗時，郭后與尙美人爭寵，仁宗既廢后，並斥美人，所以公平，可爲天下後世效法。陛下廢孟后，與郭后無以異，天下孰不疑立賢妃爲后，凡皇后須德冠後宮，不能從妃嬪中晉升，應自賢族中選擇；況且劉賢妃有廢后之嫌，更不宜立爲皇后。」哲宗大怒，將鄒浩削職除名，貶去新州。

《雞肋集》記有一則劉婕妤作了皇后的笑話：開封城裏有個賣饊子的漢子。他吆喝時，既不說饊子好吃，也不說價錢多少，只是長長地嘆一口氣，然後吆喝說：「虧便虧我也！」意思是吃虧就讓我吃虧吧！大概是想以此招徠顧客。

一天，他來到城內的被廢的孟后住的瑤華宮道觀前，像往日一樣吆喝：「虧便虧我也！」不料才吆喝了幾聲，就被抓進了監獄。原來官差以為他說「虧便虧我也！」是明目張膽地為孟后叫屈。後經查明，杖責一百板了事。他就此成了名人，連帶生意也興隆起來。

劉婕妤作了皇后，一時吐氣揚眉，說不盡的快活。哪知兒子才經二月，忽生了一種怪病，終日啼哭，飲食不進，不久夭逝。劉后悲不自勝，哲宗也生了病，臥床不起，一年後駕崩，只有二十五歲。

哲宗死後無子，立端王趙佶為帝，是為徽宗。被廢的孟皇后因獲垂簾聽政的向太后眷遇，而得以復立為元佑皇后，位居劉后之上。後來向太后病逝，徽宗重用的奸臣蔡京等人勾結劉后，致使孟后再度被廢。

劉后妄圖干預政事，且行為不謹，使徽宗愈加不滿，於是與輔臣計議密謀廢掉劉太后。劉后的侍從見她地位動搖，都落井下石，紛紛把矛頭直指向她，對她百般辱罵。徽宗將劉后廢去。

劉后被左右所逼，用簾鉤自縊而死，時年三十五歲。古人云「寧拆十座廟，不拆一對婚」，回顧劉后所作所為，其結局可想而知。

有宋一代多有太后垂簾聽政，但都能革除弊政，以德服人，與理學維繫人心的宋朝相一致。劉后誣陷孟皇后取得中宮之位，是人之常情，本無可厚非。但她心地狹隘，毫無容人之量，狠毒堪比呂后、武則天，而眼光短淺，斤斤計較，爲人處世遠遠不及，若像前代太后一樣擁有朝政實權，恐怕會重演漢代「人彘」的慘劇。在她還未取得后位時，不懂韜光養晦、收買人心，反而無謂地爲一些無聊小事與他人時不時鬧情緒，這樣下來，想要落個好收場恐怕也很難了。

宋哲宗的小故事

宋哲宗即位時只有十歲，雖然年紀很小，但坐在朝廷上卻是神情莊重，言談舉止不失帝王風度。一次在大殿上，有個太監拿奏摺時，不小心把哲宗的頭巾碰掉了。當時，哲宗才剛剃過頭，頭巾突然掉下來，頭皮顯得明光發亮，看起來滑稽可笑。殿上的大臣都忍俊不禁，只好低著頭裝作沒看見。太監也嚇得驚慌失措，站在那裏不知道如何是好。旁邊另一個太監急忙拾起頭巾，重新給宋哲宗戴上。宋哲宗始終坐在那

裏，不發一言，不動聲色，好像什麼事也沒有發生一樣。散朝後，宮內總管過來請示如何處理那個太監，哲宗反而微笑著說：「區區小事，不必計較。」對這個無意出錯的太監不再進行追究。

毀滅一切擋道的東西

蘇里曼大帝秘事

蘇里曼大帝（一四九四～一五六六），在他統治時期，曾親自領導了十三次軍事遠征，使奧斯曼帝國達到了國力的顛峰。蘇里曼大帝也被稱為「立法者」，因為其在位時主持編纂了許多有關帝國軍事、財政等方面的法典。並建造了位於伊斯坦堡世界聞名的蘇里曼清真寺。

「他猛擊、毀壞和消滅一切擋道的東西。」這是哈普斯堡皇室駐君士坦丁堡的大使巴斯貝克給予蘇里曼大帝的讚譽，他把蘇里曼比作雷電。

奧斯曼帝國到十六世紀時，發展到了它歷史上最強盛的時代，當時的蘇里曼大帝也被人稱作少有的明君。蘇里曼大帝統治奧斯曼長達四十六年，這一時期，奧斯曼帝國各方面都蓬勃發展，政治、經濟、軍事、文化都有新的推進，地域空前廣大，橫跨歐洲、亞洲、非洲，人心平和，世道安詳，可謂太平盛世。

如果你有機會看一下蘇里曼大帝的畫像，一定會奇怪：這樣一個削瘦的國王怎麼能夠管理得了如此龐大的帝國？他有那麼多精力嗎？

毫無疑問，你的問題是多慮了。

蘇里曼大帝在近五十年的君王生涯中，曾經率軍親征達十三次之多，可謂精力充沛，從不疲倦。這可是一個勤奮的帝王啊。

在大概十五歲的時候，蘇里曼就有機會接受實踐的機會，學習治理國家的本事。當時他在一批經驗豐富的大臣的輔助之下，前往某地擔任總督。在父親塞利姆一世出征打仗的時候，他作為未來的君主，也常常有機會處理一些力所能及的軍國大事。從小，蘇里曼就不像一般的王室子弟那樣，身在父母的隱蔽之下，無憂無慮，甚至嬌縱無度，性格暴躁，而是充分接受了父親替他安排的鍛煉機會，演練未來需要的百般能力，各方面都健康發展，熏養了一種寬容大度的帝王胸懷。

西元一五二〇年三月，父親去世，年僅廿六歲的蘇里曼登上了一個大帝國的王位，未

來的四十六年裏，他將指揮著這個健康發展的大帝國，南征北戰，建立下赫赫的武功。

擺在蘇里曼面前的，首先是他的父輩們曾經感到棘手的兩個打擊目標：貝爾格萊德和羅德島。這兩個地方都是要塞之地，貝爾格萊德掌握在匈牙利人手中，阻擋著奧斯曼向歐洲的擴張；羅德島則阻礙了奧斯曼與阿拉伯一帶的密切交往。

一五二一年，即蘇里曼登基之後的第二年，他率領十萬大軍，連續三個星期對貝爾格萊德發動了猛烈的攻擊，也許是蘇里曼必勝的信心所致吧，棘手的貝爾格萊德在勇猛的蘇里曼士兵的攻擊之下陷落了。蘇里曼大帝解決了它的第一個難題。

僅隔一年，蘇里曼又親征羅德島，這個易守難攻的小島花費了蘇里曼半年時間，損失了五萬士兵，終於讓蘇里曼完成了先輩們未盡的事業。

兩個難題在蘇里曼手中成功「解答」，蘇里曼再無顧忌，奧斯曼帝國大踏步走上了擴張之路，蘇里曼四方征戰，盡情揮灑著強大奧斯曼的豪情。

蘇里曼大帝一生征戰，武功赫赫，但他在治理國家方面也頗有才能，奧斯曼的繁榮昌盛，離不開蘇里曼的精心治理。

最能顯示蘇里曼眼光和韜略的是他的立法構想。《群河總匯》、《埃及法典》、《蘇里曼法典》都是在蘇里曼手中訂立起來的。由於奧斯曼是一個橫跨三洲的大帝國，人口眾多，宗教信仰豐富多樣，但也「眾口難調」，許多不同的觀念之間經常出現各種各樣衝

突，而且，更重要的是，經濟的蓬勃發展要求一個平等的法律契約保障那些有產者的私有財產不受侵犯。

在這種情況之下，蘇里曼大帝委託當時一些著名的法學家，調整和制定了許多法律，其中《群河總匯》是奧斯曼歷史上最大的一部法典，這部法典制定實施後，對消除貴族階層內部的混亂，穩定帝國的分封制度起到了良好的作用。《蘇里曼法典》最爲完善，對土地和戰爭、軍事制度、地方治安和刑法等各方面都作了細緻的規定。

法律的完善和詳備，使得這個階層複雜、地域廣闊的大帝國運作、周轉十分健康，儘管蘇里曼大帝常年征戰，但國內並沒有怨聲載道，而是社會秩序穩定，人們生活平靜。

蘇里曼這位戎馬一生的帝王，並非一介武夫，他對文學藝術教育各方面都大力提倡。蘇里曼大帝本人就十分喜愛詩歌，這一愛好從小時候就開始了，據說蘇里曼還有記日記的習慣，雖然許多是關於戰爭生活的記錄，但也可以看出這位帝王的感性和細膩。蘇里曼還提倡了許多伊斯蘭建築的修建，一五五七年，著名的蘇里曼清真寺修建，這一氣勢宏偉的建築物可與同時代的許多著名建築相比美，建築是人的詩意的棲居之地，頗可見出人心和氣度，蘇里曼清真寺就是一座令人讚歎不已的時代建築，很能體現奧斯曼大帝國繁盛時代的開放恢弘的氣度。

西元一五六六年，老年的蘇里曼乘坐著馬車行進在征討匈牙利的路途上，雖已年過

七十，但蘇里曼大帝並沒有停止他的事業，不過，在這一年九月的一個風雷交加的夜晚，軍營大帳一片平靜：蘇里曼大帝歸天了。

天空閃著驚雷，蘇里曼在「猛擊、毀壞和消滅一切擋道的東西。」

奪皇位要比厚黑（原名：果然夠厚黑，皇位歸你！）

作者：徐永亮
出版者：風雲時代出版股份有限公司
出版所：風雲時代出版股份有限公司
地址：105台北市民生東路五段178號7樓之3
風雲書網：http://www.eastbooks.com.tw
官方部落格：http://eastbooks.pixnet.net/blog
Facebook：http://www.facebook.com/h7560949
信箱：h7560949@ms15.hinet.net
郵撥帳號：12043291
服務專線：(02)27560949
傳真專線：(02)27653799
執行主編：朱墨菲
美術編輯：吳宗潔
法律顧問：永然法律事務所 李永然律師
北辰著作權事務所 蕭雄淋律師
版權授權：劉樂土

初版換封：2016年10月
ISBN：978-986-352-342-0

總經銷：成信文化事業股份有限公司
地　址：新北市新店區中正路四維巷二弄2號4樓
電　話：(02)2219-2080

行政院新聞局局版台業字第3595號 營利事業統一編號22759935

國家圖書館出版品預行編目資料

奪皇位要比厚黑／徐永亮 著.-- 初版.
臺北市：風雲時代，2016.04 -- 面；公分

ISBN 978-986-352-342-0（平裝）

856.9　　105005545

原價：280元
限量特惠價：199元